売れる営業部にするための処方箋

法人営業で成功するにはコンサルティング力を磨け！

大森 啓司［著］
Ohmori Keiji

同友館

はじめに

「何！　契約がとれなかった‼　ならばお前が買え‼」

この怒鳴り声は、私がサラリーマン時代に上司から何度か受けた愛の鞭です。私が勤めていた会社の営業部では毎月、月初めに「〇〇件、受注します」と、社員全員の前で売上目標を宣誓するのですが、月末にその数字を達成できなかったときに浴びせられる言葉です。

入社時の営業活動は、飛び込み訪問を含めて1日10件以上、どんなに暑い夏でも（当時はクールビズという言葉はないので）スーツ・ネクタイに身を固め、訪問前には汗を拭いて、緊張しながら笑顔で「こんにちは！」と訪問していました。そして、結果はご想像のとおり、ほとんどの会社から、1分も経たないうちに塩をまかれて出てくるようなありさまでした。

私は工学部物理学科の出身です。同窓生は関西に2社ある大手電機メーカーに技術職として就職する人がほとんどで、私はどちらかというと傍流でした。学生時代は、彼らと同じ道を歩みたくないと考え、私の学部では当時まだめずらしかったコンピュータ業界を志望したのです。

当時の就職環境は買い手市場の真っただ中で、「理科系くずれ」という言葉がはやっていました。これは、工学部や理学部の理科系で勉強したものの、技術系の就職先がないために、仕方なく就職先を別の分野に変えた学生（新入社員）を指していました。平たくいえば、仕方なしに営業として就職し、大学で学んだことが社会で全く生かせない学生（新入社員）という意味です。

就職活動中の私は、「俺の場合は違う！」と意気込み、「目指すはＳＥ！　何てったって、理工系出身だもの。やっぱりエンジニアじゃないと」「何のために理科系にいるのかわからない」と、大学や訪問先の企業で変なプライドを誇示していました。採用が決まったときは、私の思いが通じたと、鼻高々な気分にもなりました。

しかし、入社して配属されたのは、第一線バリバリの営業部門でした。私の思いとは無関係に、世間的には、私も理科系くずれの１人だったようです。それで、先ほどのような日々を送ることになったのです。

同期入社の理科系営業マンの間では、「いつやめるか」の話で盛り上がっていました。東京在住のある同僚は、「１日で山手線を何周できるか」「喫茶店を何軒まわった」など、連日やる気のない会話ばかりしていました。月末の愛の鞭が止むことはなく、47人いた同期は1年目に約3分の2に、2年目には約半分になりました。そのような中、私は当時の上司の「石の上にも3年」という助言に従い仕事を続け、気がつくと、約20年間営業の第一線で働いていました。

その後、私は独立し、中小企業診断士として「創業とIT」を中心とした仕事をしながら、営業支援にも携わってきました。支援先の企業では、営業マネジャーが「まだ1件じゃないか！ 10件のノルマを達成できるまで帰ってくるな！」と檄をとばす場面を何度も見てきました。この言葉を聞くたびに、私が新入社員の際に受けた洗礼を思い出します。それと同時に、中小企業診断士として、その意味や効果について考えるのです。

私は、20年の営業実務と15年の支援業務の経験から、ある結論に至りました。営業職の伝統文化ともいえる愛の鞭は、決して悪いものではありません。しかし、その効果を考えたとき、手放しで肯定できるものでもないのです。問題は、営業マネジャーが単に、「売ってこい！」と叱咤をするだけで数字がとれる、営業マンは成長する（成長している）と思っていることです。

実は、営業マンの売上実績と彼らの成長が必ずしも一致しているとは限らないのです。営業マンに商品知識を勉強させて「売ってこい」と発破をかけても、営業マンは成長しません。愛

1　本書での「営業マン」とは男性だけではなく、女性も含めた表現とご理解ください。また、本書のタイトルにもあるように、本書での「営業マン」とは、法人営業に携わる営業マンを主に指しています。

の鞭が売上実績に影響したかのように見えるケースは多々ありますが、営業マンとしての成長とはあまり関係がないのです。

営業マンが成長していく糧は、「顧客の現状と課題」を把握する意識です。この意識がどのようなものであるかを理解し、必要なスキルを磨くことで、時代が変化しようと、販売する商品が変わろうと、売上実績を上げられる営業マンに成長することができるのです。

現状では、法人営業マンは商品を売りたいがために、どうしても自社の商品やサービスの紹介が中心の商談になってしまいがちです。そして、気がつけば、「物ありき」で顧客からの依頼事項（顕在ニーズ）をご用聞きとしてこなすだけ……。そんな営業マンを私はたくさん見てきました。

企業に必要なのは、この「物ありき」のご用聞き営業から抜け出すために、マーケティングセンスやヒアリングのスキルを向上させ、新しい営業活動を描くことができる人材を育てることです。企業は今、営業マンが物売りからの脱皮を図り、付加価値のある商品・サービスを提供できる営業部の再設計をすべき時に来ています。

これは、組織文化の再構築です。営業マンは、経験が長くなると自分の型・マンネリが発生し、自らこれを改めることはありません。経営者が営業マンに節目を持たせないと、組織文化も変わりません。節目の要素として、営業マンに対する顧客からの依頼の変化というものがあります。ですが、営業マンが変化を認識し危機意識を持ったころには、すでに新たな営業体制を整えた会社に顧客を奪われている。そんなことが多々あります。

そうならないために、組織文化を再構築する最もよい方法は、顧客の意向を先回りして相談にのる「コンサルティング」の血を注入することです。これにより、営業マンは「物ありき」の営業から脱皮し、企業は、単なる商品ではなく、「ソリューション」という付加価値のある販売方法を通じて、売上が向上していく。それが、経営者と営業マン双方にとって最善の方策なのです。

このコンサルティングの血を組織にどのように注入すればいいのか？　具体的な内容についてこれからお話ししましょう。

平成27年4月

大森啓司

◎ 目 次

第2章　コンサルティング営業に向けた4つの柱……55

第3章　コンサルティング営業に向けた人材育成……97

【第1章】

コンサルティング営業の必要性

1　営業部門の現状と悩み

(1)　スタイルのない営業マン

営業マンが陥りやすい過ち

私は、サラリーマン時代の20年の営業経験と独立後15年の営業支援を通して、たくさんの営業マンと接してきました。

新入社員時代は同僚のやる気のない話につき合うこともありましたが、仕事となれば話は別で、常に真っ正面から向き合ってきました。特に独立後は、私が行う研修などでは、受講生と人生をかけた真剣勝負をしてきたと自負しています。

具体的には、延べ数百人を対象にした営業研修の講師、同行営業研修、受講生が持参した数億円の案件を扱うコンサルティング営業超上級コース、講師・受講生が納得いくまで議論する合宿研修などです。加えて、現場意識を再現させたロールプレイング、ビデオによる振り返りを含めたスキルチェック、営業マンのこれからのキャリアを真剣に語るメンタリングなど、実務に応じた企画を立案・実施してきました。

同行営業などの現場研修では、商談時のトークなどでよかった点があれば、営業マンを心から褒めてモチベーションを上げます。ダメな場合には、泣かせるくらい厳しく叱った経験もあり、彼らの行動や喜怒哀楽を私の生活の一部として共有するように接してきました。

そうした数多くの経験からいうと、営業マンの一般的な姿というのは、おおよそ次のように説明することができます。

営業マンは、2～3年経つと、会社や営業部の方針を理解して自分の営業スタイルができてきます。「あいつは優秀だ」とか「ダメだよ、あいつ」という、上司の見方ができあがるのもこのころです。人間関係も構築され、お互いに干渉しないようにする領域が自然にでき、知らぬ間に会社文化の枠にはまり、営業マンは上司の目線を気遣い、いつしかしがらみに取り込まれていきます。

顧客に対しては、市場の需給バランスから、どうしても売り手が弱いと思う卑下の立場に追い込まれ、上司から指示された目標が頭をよぎり、ただ目先の数字だけを見た営業活に突入しがちです。そのため、営業マンの行動原理には、「どうすれば売れるのか?」という正しい考え方をせず、ロジックやステップを踏まないまま、ひたすらつき進んでしまう怖さが潜んでいます。

キャリアと個性を生かした営業スタイルを持つ

問題は、営業マンが会社や事業部の方針をどのように咀嚼《そしゃく》し、自身の営業活動をどう行っていくかという、自他ともに認める正しい指針がないことです。それだけならまだしも、自身のキャリアパスや自分の人生のことを真剣に考えていないことも大きな問題です。営業マンが何も考えずに猪突猛進で働くことは、ただ体力と神経をすり減らす消耗戦をしているだけです。

この点に関して、会社や上司から何の指示もないとしたら、それは、指示がないのではなく、自分で考える機会や環境が与えられていると考えるべきです。

高度成長期のような年功序列、終身雇用の時代であれば、寄らば大樹の陰といわれていたように大企業や官公庁が人気で、日々与えられた仕事だけをつつがなくこなしていれば、安定した人生を過ごせたかもしれません。しかし、脱年功、脱時間給、営業の裁量労働制の進展など、多様な働き方が存在する現代社会においては、まず過去のキャリアと個性を生かした自分自身の「営業スタイル」ありきです。それを忘れ、がむしゃらに働くだけでは何の成長も見込めません。

私は法人営業マンを側面から見守り続けてきて、営業としての基本をきっちりと身につけず、我流の営業スタイルで活動している人の多さに驚いています。よく、営業マンは孤独だといわれます。確かに上司がいない、もしくは指導してくれる人がいないケースが散見されます。仮にいたとしても、上司は自身の仕事で忙しく、何の支援もせずにただ、「売ってこい！」の一言です。

このような状況で、決まった顧客、決まった地域をひたすら訪問していると、若いうちならやる気も情熱もあるのですが、年齢が上がるにつれて、だんだんとその気力も薄れていきます。そうなると、営業マンは、売らないといけないと焦る⇒商品説明が中心となる⇒顧客に気に入ってもらわなければいけない⇒顧客の言うことは何でも受ける⇒気がついたら便利屋になっていた——といったロジックに陥ってしまいます。これでは、本人の育成や成長とはほど遠い世界となってしまい、営業マンは企業の歯車でしかありません。実際に、このようなケースを数多く見てきました。

(2)　営業マンが会社の方針を正しく理解しているという誤解

毎年、期首に経営方針発表会を実施している企業がたくさんあります。私も仕事柄、その席にお招きを受けます。こうした席で私はいつも、「この1年間頑張ろう！」という社長の気合いの入ったオーラを感じながら、「どのように支援することが最適か」と考えます。私にとって、とても楽しいひとときです。

その際、社長の方針演説を聞きながら、従業員の顔色を横目で伺うようにしています。真剣に聞いている社員もいれば、早く終われとばかりに心はうわの空、あるいは、用意された食事に気を取られている社員もいて、十人十色の雰囲気が感じ取れます。その中で、真剣に話を聞いているのは、新入社員が多い傾向にあります。彼らからは、やる気は十分感じられます。ただ、残念ながら、理解度は今ひとつのようです。まだ経験が浅いので、仕方ないでしょう。

3年以上の中堅社員で、社長の方針・戦略を本気で理解しようとしているのは3分の1くらいです。そのほかの営業マンにとっては、発表会がマンネリ化して惰性となってしまっているのです。そのため、顔では「頑張ります」、心の中では「しょせん俺たちゃ月給取り」と、割り切っている営業マンが多いのです。

経営者と営業マンの間にある、こうした意識のギャップをどのように埋めるかが、経営者にとって非常に大切です。ここで経営者に求められるものは、発表会というセレモニーが醸し出す全体感や一体感に酔うことなく、方針演説を聞いた社員が発した空気を感じ取り、そこから次のアクションを決める判断力です。

営業マンがどれだけ会社の方針を理解しているのかが、経営者には不透明な場合が多いです。社長がいくら大声で発しても、なかなか末端の社員には伝わらないものです。

(3)　営業戦略と合致しない人材育成計画

〝売上〟と〝育成〟の狭間で

私は、営業活動内容と育成計画の合致していないケースをたくさん見てきました。これはやむを得ないことです。なぜならば、営業活動に数字責任を持って率先垂範する営業マネジャーと、人材の育成計画を立案する人材開発担当者は、別部門だからです。

これを単純な式で表すと、「営業活動≠個人の育成」となります。

営業マンは、組織上ラインである営業部に所属しています。言うまでもなく、売ることが仕事です。営業マネジャーは当然、「売れるための営業教育」を求めるわけですが、人材開発部は耳を貸しません。なぜなら、人材開発部は人材育成を、投資という、売ることとは全く異なった視点で捉えているからです。したがって、両者の間にギャップがあって当然です。

もちろん、人材開発部にも不満はあるでしょう。たとえば、営業部は、人材育成が重要であり、それが営業面に限ったものでないことを理解していても、売上に直接寄与しない研修にはとても消極的になります。事実、研修予定を入れていても、売上第一で、直前にキャンセルが多いのがその表れです。

立場・視点が違うので、仕方のないことかもしれませんが、私は一抹の寂しさを感じています。営業部は「仕事は売上」、人材開発部は「個人の育成」と、それぞれの論理を展開するだけで、今の仕事を通じた育成という視点が欠けているのです。

これでは、研修が営業活動そのものを補完するという、営業部が期待する本来の機能を果たしていません。縦割り構造のデメリットです。このような状況でも、「自分のキャリアパスは自分で考える」と割り切れる営業マンならば、うまくやっていけるでしょう。ですが、世の営業マンの90％以上の人は、眼前の仕事に追われていて、そんな余裕はないのです。

〝費用〟としての研修

元来、研修とは投資です。その投資に対する効果が、明確な基準がないまま闇に消えてしまうケースが散見されます。そのよい例が、1～2日の営業研修です。

ただ、誤解がないように初めに説明しておきます。この日程で十分な研修もあります。たとえば、新商品の紹介やコンプライアンス研修です。新商品の何が新しいのか、何が他社と違うのかなど、研修で新しい知識を吸収することは重要です。研修を行う価値があります。営業マンはこの研修で、新商品の知識、従来品との比較説明の仕方、顧客ごとのアプローチ方法など、新しい知識を得ることができます。

コンプライアンス研修にも適した日程です。「倫理遵守とは何なのか」というビジネスマンの原点に立ち返り、エリを正すということを定期的に実施するのは大切なことです。

しかし、営業力やコンサルティング力を向上させることは、1日や2日の研修でできるほどなまやさしいものではありません。誤解を恐れずに断言すると、仮に、こうした研修を1日で実施しているとすれば、それは「研修のための研修」「予算を消化するための研修」です。私はこのような研修は、企業が「投資」として実施したのではなく、「費用」と割り切っていると理解しています。

(4) 計画・目標・評価制度の振り返りが弱い

ある上場企業の社長が、半分笑いながらこんなことを私に言いました。

「うちの会社はPDCA[1]ではなく、PDPDだ」

この言葉には、経営者ならではの、次のような意味が込められています。具体的に見てみましょう。

一般的に3月決算の企業の場合は、年明けから予算の検討に入ります。事業は3月末までな

1　Plan Do Check Action の略（計画⇒実行⇒振り返り⇒次の行動計画）。

ので、最終の業績予測を加味して計画を立案します。決算後は、株主総会に向けて会社は前期の業績の総括を行い、前期の事業概況としてまとめます。この事業概況に対して、第一線の営業マネジャーや営業マンのほとんどが、われ関せずです。

その理由はいたって単純です。すでに新年度がスタートしており、スタートダッシュで売上増を目指すことに精いっぱいで、前期を振り返る余裕などないのです。

目標についても同様です。営業の世界は目標が達成できたか否かがすべてです。スポーツの世界にたとえれば、優勝しなければ2位もビリも一緒という考えです。

たとえば、私が勤務していた会社は1月から12月までが1年のサイクルだったので、年末の最終出社日である12月29日に達成できたか否かがすべてでした。そして、年の明けた1月4日からは、電卓のようにオールクリアで1年が始まりました。したがって、「この1年どうでした」という振り返りは皆無に近かったのです。

それに加えて、評価制度もこうした傾向に拍車をかける要因です。1年の営業実績を基準にしたボーナスの査定では、定量的な評価と定性的な評価があります。定量的な評価は売上や受注の実績を見ての評価なので、自動的に計算されます。したがって、営業マンが口を挟む余地はありません。

一方、定性的な評価は一般的に上司からの評価ですが、営業の世界では、上司が部下の行動特性をどれだけ正しく見ているのか、疑問を抱いている営業マンが大勢います。それに、最近は上司が部下を指導・支援するとは限りません。時代の流れについていけない上司が優秀な部下を評価することもあるでしょう。その場合、部下は上司に一定の礼節を示しても、内心は上司の能力のなさに辟易していて、彼らは上司からの評価を無視する傾向があります。

サラリーマンであれば本来、上司の評価が気になるものです。ですが、人を見ずに評価するケースが多くなってきているため、営業マンは上司からの評価を気にしなくなっているようです。

ＰＤＰＤは、こうした評価制度がもたらした当然の結果ともいえるのです。振り返りの余地がない評価制度、評価基準が曖昧な評価制度では、何のための評価かわかりません。

(5) 組織を理解していない営業マネジャー

私の机の上の書類ホルダーには、約１００枚の用紙を綴じた比較的大きなバインダーがあります。これは過去にご縁のあった企業や上場会社の組織図を綴ったものです。私は新規で訪問する企業の事前準備として、経営方針・理念・組織図を目に焼きつけて訪問するようにしています。そして、訪問時にその組織図を出して、個々の部門にどんな役割があるのか、どのくらいの従業員がいるのか、その部門の目指すものが何なのか――について質問するようにしています。

その部門が営業部であれば、組織全体における位置づけや部門の期待度、成熟の度合いを確認するようにしています。

組織図というのは、アメリカンフットボールにたとえると、企業の目標達成に向けたフォーメーションのようなものです。私が支援する「組織の目標達成」と「人材育成」を成就するために、このフォーメーションが今後どのような形で展開されていくのか、ゲームセットとなる期末時にどんな形で得点するのかを洞察しています。

しかし、いざプレーがスタートすると、故障者や脱落者が出たり、チーム内で喧嘩をはじめたりと、勝利を阻むアクシデントが生じるように、実際の業務でもさまざまな問題に見舞われます。営業マネジャーはその対応に追われ、息つくひまもありません。そのため、営業マンや営業マネジャーは、自分が今どの位置にいて、どこに向かって走っているのかが見えなくなってしまうことがよくあります。

このような場合、スポーツであれば、フィールドの外にいるコーチが指示をして体制を整えます。組織では、このコーチの役割が上司の仕事です。しかし、営業の場合、上司も一緒になって動いていることが多く、その指示が出せません。そうなると、組織の中が混沌とした状態が続きます。

これは、営業マンが担当する顧客にも同じことがあてはまります。営業マネジャーは期ごとに顧客の組織図を入手し、それがどのような方針で目標を達成しようとしているフォーメーションなのかを考えてください。顧客の組織を理解しての営業活動です。営業マンが何か困難に直面している場合は、営業マネジャーが側面からフォローするのが仕事なのですが、現実にはできていない光景を私は何度も見てきました。

これを機に、自社の組織図や主要顧客の組織図とじっくり向き合ってみませんか。

2　営業マンの現状と悩み

(1)　考えない営業マン

システム販売に取り組んでいる営業マンのＡさんを紹介します。Ａさんは営業活動に熱心で、５年の営業経歴があり、そろそろ仕事のタイプができつつあります。ですが、なんとなく頼りなさ感が漂う営業マンでした。なぜだかわかりませんが、弱さを感じざるを得ないというのが、会った当初の率直な感想でした。

彼と同行営業する機会があり、その商談風景を見ていました。彼は、顧客からの依頼事項やシステムの仕様について、きっちり丁寧に説明をすることだけに専念していて、顧客の考えを推測する意識に欠けていました。

この商談は彼が中心になって行うことになっていたのですが、私は我慢ができなくなって、顧客に聞いてみました。

「○○様、この件については、もうひとつ理解に苦しみます。できれば、△△のような視点から見直してみてはと思いますが、いかがでしょうか？」

顧客からの反応は、「いや、△△でもいいのですが、今回はこれで」ということで、Aさんの提案どおりに商談がまとまりました。

商談を終えて私たちが建物の外に出ると、彼はいきなり私に言いました。

「大森さん、顧客にあんなこと聞いていいんですか？」

私は間髪入れず答えました。

「当然、いいに決まってますよ。顧客の考え方をしっかり理解しないと。代替案でいいと思うものがあれば、どんどん提案して意見をぶつけないと」

「自分の意見をぶつけるんですか？」

彼はそれまで、顧客からの依頼をただ忠実にこなしてきただけのようです。自分の意見を言うことは、だれからも指示されていないから、してはいけない。厳しい言い方をすれば、言われたことをこなすだけの、考えない営業マンになっていたのです。どうやら、それが「頼りなさ」の原因になっていたようです。

多くの営業マンが、自分の意見を持たないといけないことに気づいていません。営業マネジャーは、こうした自分の意見を持たない、揺れる営業マンが多いことに気づいていません。

もっとも、それも仕方のないことです。皆、気がつかない環境にいるのです。頼れる上司は少なく、顧客からの要望事項にどのように応えるか、どのようにすれば目標を達成できるかと、日々ひとりで悩む――営業マンは、毎日が自分との闘いなのです。

そして、顧客からの依頼に振り回されているうちに、営業スタイルに偏りのある亜流になってしまうのです。それがさらに進むと、時流に合わない凝り固まった営業スタイルになっていることもあります。そうでなくても、人は年齢を重ねると頑固になります。まだ軌道修正ができる段階で、防御策と対策を考えるのが営業マネジャーの仕事です。

しかし、何も手をつけられず、ずるずると泥沼に陥っていく例を私はたくさん見てきました。これは、営業マネジャーもしくは経営者の責任かもしれませんが、究極的には、営業マンが自己管理をせず、考えないことこそが原因です。

(2) 迷いのある営業活動

「考えない営業マン」を続けていくと、その弊害が営業活動に顕著に表れてきます。

まず、「なぜ自分は営業という職を選んだのか？」「なぜこの会社を選んだのか？」など、不安に陥ってくるのです。入社する際、人は期待と不安を持っています。その不安が的中し、自分の選んだ道を後悔することはだれにでもあります。特に営業成績が悪いときは、「自分は営業に向いていないのでは？」と、現実から逃れたい気持ちになるのは当然です。私にも、そんな経験があります。

そんな迷いが生じてくると、今度は「売らなければ」という焦りが生じ、商談に遊びがなくなってしまいます。顧客と雑談をしなくなるのが、典型的な例です。実際にどうなってしまうのか、Ｂさんの経験を紹介します。

私が初めて会ったときの彼は、顧客を訪問した際、雑談を一切しませんでした。その徹底ぶりは、顧客から「商品のことしか説明しない」と烙印を押されるほどでした。いつも立ち話で、彼自身、営業のおもしろさをあまり感じていませんでした。

さらに、彼が訪問するのは、彼にとって話しやすい顧客に偏る傾向がありました。この傾向が続くと、本来訪問すべき会社に行かず契約がとれない、訪問しやすい会社は何度も行くので無益な商談が増える、というように機会と時間を無駄にしてしまいます。彼は、このことに気がついていませんでした。

このような活動をしていると、顧客を戦略的に選択して活動するということができなくなり、受け身の営業活動となってしまいます。営業とは本来、攻めの活動です。どんな顧客にどれだけの時間をかけて営業をするのか、自身の活動時間をどのように使うのか、という時間管理の意識が麻痺してしまいます。これは、営業活動にとって、致命的な傾向と言わざるを得ません。

(3)　ICTツールに依存する営業マン

ビジネスに必須のツール

インターネットが飛躍的に進化していく中、営業活動を支援するＩＣＴツールも効果的に使われるようになりました。グループウェアに代表されるＳＦＡやクラウドツールが浸透してきました。最近は、外出の多い営業マンが、スマートフォンやタブレットから社内にあるパソコンのファイルを見ることができたり、メールの添付ファイルもすぐに確認できたりして、非常に便利になりました。私も仕事柄、サラリーマン時代からたくさんのツールを使って仕事の効率化を図ってきました。

最近は、通話よりも通信の時代です。相手につながるかどうかわからない電話よりも、SMSで送信することが当たり前の時代になりました。送信先の開封時間も確認できるので、相手が見たかどうかもわかります。履歴も残るので、コミュニケーションも確実です。

もはや、このツールを使用しないビジネスマンは世に存在しない(?)時代となりました。私も、電話よりも電子メールで「報・連・相」をする習慣が15年以上続いています。感情の入った微妙な表現でも、何度も読み返し、主旨が正しく伝わるかどうか確認しながら、有効活用しています。

使うのはコミュニケーションのため

もはや欠くことのできない便利なツールですが、実は、2つのくせ者が潜んでいると感じています。1つは、ツールを使いこなすことが目的になってしまうことです。

たとえば、今では当たり前のように利用されているグループウェアがあります。最近では、クラウド準拠のシステムが標準となり、安全性が格段に向上しました。機能もかなり向上し、工夫しだいで、さまざまな使い方ができるようになりました。

ですが、このようなシステムを導入する際は、社内全員が使わないとその役目を果たしません。私は、たった1人の社員が使用しないために、スケジュールや会議室の機能を使わなくなった例をいくつも見てきました。

特に中小企業では、社歴の長い社員が変革を嫌い、自分の仕事スタイルに固執する傾向にあります。そんな社員に対して経営者や周囲の社員が、「システムを使うように」と、半ば強制的に指導をしながら、強引に稼働にこぎ着けます。社歴の長い社員は、こうなったら使えるようになるしかないと、けなげなほど一生懸命頑張ります。それで、なんとか使えるようになる人もいます。ですが、挫折したら、新しいシステムはお蔵入りです。

また、なんとか使いこなせるようになっても、入力の場所を間違っていたり、他人に聞いたりして、周囲に迷惑をかけている場合があります。こうなってしまうと、何のためのツールなのかわからなくなってしまいます。

グループウェアに限らず、ＩＣＴツールを使用していると、そのツールに頼りすぎ、本来の顧客や上司とのFace to Faceのコミュニケーションが疎かになるケースもあります。メールで済ますメリットとデメリットをよく考えず、使うことが目的になってしまう営業マンも少なくありません。

顧客にとっての有用性を考える

もう1つは、ツールに溺れてしまう危険性が潜んでいることです。具体的な例を見てみましょう。

Cさんは、中堅会社でモバイルソリューションを販売する営業マンです。スマートフォンに代表されるような情報端末が好きで、この業界を選んだそうです。彼は、新しい製品が出るとすぐに、自ら使用し自らその機能を検証して、それを顧客にデモンストレーションしていました。情報端末が好きというだけあって、知識は豊富で情報も正確です。しかし、彼の営業成績はよくありませんでした。

彼と営業で同行した際、その理由がすぐにわかりました。彼は商談中、自慢げに顧客に新しい機能の説明をしていました。しかし、顧客はその機能に全く魅力を感じていなかったのです。彼は、新しい機能が顧客の業務や経営にどのような効果があるのかを、顧客側の視点から説明せず、おもしろさやめずらしさだけを自慢げに説明していたのです。これでは、時間を割いてくれている顧客に失礼です。

最新ツールや機能を使いこなせるようになって、自分は時代の先端を走り、周囲の人にかっこいいと思われたい。彼は自分の興味にばかりに目がいき、営業マンとしての本来の仕事を理解していなかったのです。

(4)　BS[2]（Balance Sheet）意識のない営業マン

私が営業マンとして第一線で働き始めてから5年が経過し、毎年の売上目標が達成できるようになり、順調と思っていたときのことです。11月に数千万円のコンピュータシステムを納入し、翌年2月からリース開始予定の会社がありました。11月の納入は問題なくすませたのですが、翌12月にその会社の社長が亡くなり、年明けの1月5日にその会社が倒産してしまいました。その結果、私はこの会社から1円も回収できず、苦くくやしい経験をしたことがあります。

倒産には必ず予兆があります。その予兆を感じ取ることができなかったことは、営業マンである私の責任です。調査専門会社ほどアンテナは高くありませんが、営業マンは会社訪問時には、五感を働かせてあらゆる空気を感じ取るように心がけなければいけないと痛感しました。

私はこのときから、受注・失注・納入・入金といった営業活動の区切りにおいて、営業活動の内容を振り返り、自分には何が欠けていたのかと考え、次の商談に向けた糧を棚卸しするようにしてきました。

2　会社の決算には損益計算書（ＰＬ）と貸借対照表（ＢＳ）があります。

受注に至るまでのプロセスの中で何が成功要因であったのか、しっかりと見きわめることが必要です。受注という行為は本人の大きな飛躍となる自信の種です。

一方、人材育成の視点から見た場合、受注よりも失注のほうが得るものが大きいと考えています。失注することは、「営業効率上、時間の無駄だ」という意見も営業マンの中にはあります。しかし、すべての商談を受注することはできません。私はよく、営業マンとの実際の商談の振り返りで、「もし、この商談で時間が巻き戻るとしたら、あなたはどんな営業活動を心がけましたか？」と質問します。

営業マンは考えます。冷静になって自身の活動や能力を振り返り、同じ過ちを繰り返さないよう、次のステップに向かう糧を培うときです。しかし、たいていの営業マンは、営業として有している自身の資産を棚卸しするという発想が弱いようです。自分がどのような資産を持っているのか、本人にはわからない場合が多いのです。

営業マンは企業にとって大切な資産です。この人的資産が組織としてどのような状況にあるのかを把握して、営業マンの資産を合計した棚卸しができている企業は多くありません。

営業マンは、受注・納品・入金というプロセスにばかりに目を向けるのではなく、自身の育成と企業の成長にどのように役立っているかを見つめながら、「今、自身に欠けている資産（能力）が何であるか？」を意識するべきです。

(5) 意識していない営業マンの大きさ（スケール）感

「自分がこの会社（顧客）のお役に立てることは何なのだろう?」

これは、営業マンに考えてほしいことの1つです。この答えとして、入社間もない新人の営業マンにありがちなのが、「私が御社の経営のお手伝いをします」「このシステムの導入で会社はよくなります」「私が御社の売上増に貢献します！」というものです。これをそのまま現場に持ち込むと、本人ができるできないはさておき、気合いと情熱と根拠のない自信でPRする営業スタイルになります。

そもそも、傲慢で世間知らずな答えです。過去に事業を試みた、もしくは事業に失敗し苦い思いをした経験があり、その経験を生かしたことがあるのであれば、説得力があります。しかし、何の経験もなく、勢いと思い込みだけで顧客がその言葉を鵜呑みにするはずがありません。むしろ、「口先だけだな～」と思われて、逆効果です。

大切なことは、営業マンが「自分は顧客に、どんなお役立ちができるだろうか?」「自分は、顧客に何を期待されているのだろうか?」ということを冷静に問い、ありのままの実力を謙虚に認める「営業マンとしての大きさ感」です。それなのに、何も考えず、後先を顧みず、自分を過大評価した猪突猛進型の営業マンが後を絶たないのが現実です。

この大きさ感は、営業マンの経験年数やキャリアによって変わってきます。最初は商品をきっちりと顧客の立場になって説明できることです。もちろん、営業マンが商品の話を全くしないということはあり得ません。ここで大切なことは、自社の商品を通じて相手にどのような貢献ができるのか、今の商談内容から1つ上の大きさ感を意識しながら話をすることです。この商品の説明ができたら、次はヒアリングを通じた解決策について話をし、それができたら、次は経営者の相談相手として話をできるようにする。企業における究極の大きさ感は、経営的なセンスを持った会話です。どうせなら、営業マンの大きさ感をここまで育ててもらいたいものです。

ただし、ここで水を差すようで申し訳ないのですが、最初の商品の説明の段階でつまづいている方が多いようです……。

経営を取り巻くさまざまな環境の中から、経営者がどのようなかじ取りをしようとしているか、正しくその位置づけや方向性を理解し、自分の身の丈より一回り大きなスケール感を持って商談に臨むことが必要です。この大きさ感を養う意識を持ってください。

3 コンサルティング営業が求められる背景

(1) 営業マンにありがちなスタイルの限界

やりやすい相手にしか会わない営業

これまでは営業マンの悩みを現象面から説明してきましたが、ここではその内容を営業活動のスタイルから見ていきましょう。

図表1-1は、縦軸を営業マンの商談内容、横軸を面談の対象者で区切った図です。営業マンの主な活動範囲は、左上の枠である既存商品を中心とした実務担当者との商談です。理由は、実務者であれば具体的に見えた案件（課題）について商談を進めるので話しやすく、実績（売上）に結びつきやすいからです。

しかし、顧客は目の前にある既存商品だけを検討しているわけではありません。営業マンは、時代の流れとこれからの市場環境の動向から、今後はどのような商品が求められるのかを、顧客や競合の動向を伺いながら見きわめ、提案することが期待されています。

次に、上層部への対応はどうでしょう。実際のところ、多くの営業マンが、経営陣へのアプ

図表1－1　営業マンの関係構築相手と商談内容

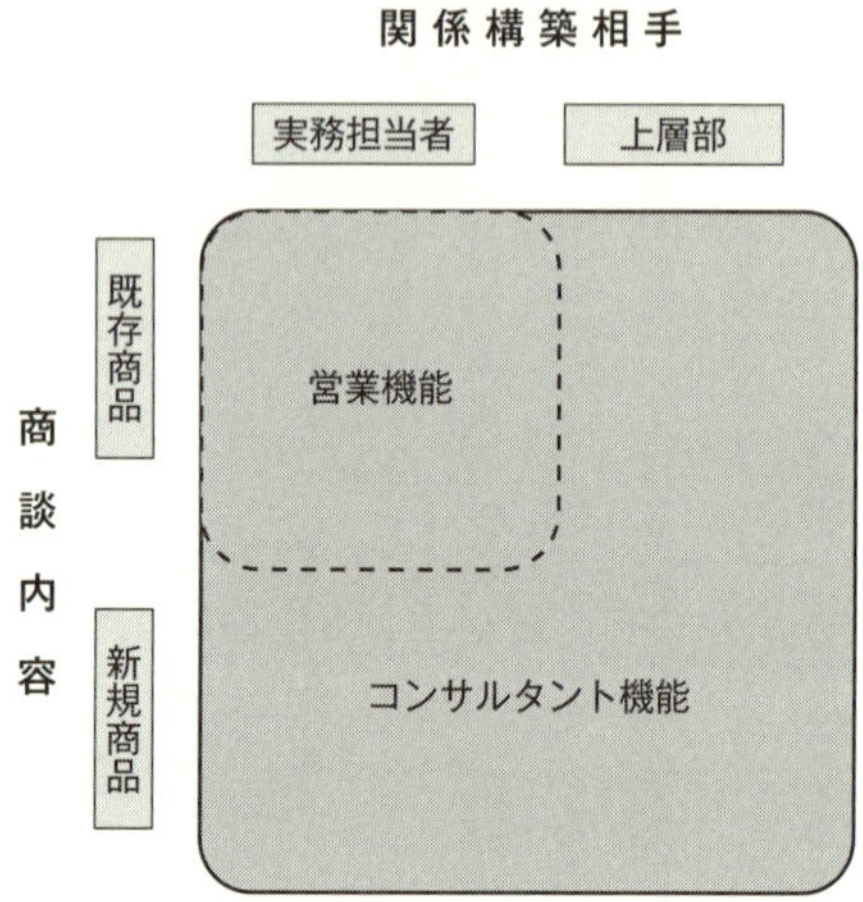

ローチができていません。営業マンは役員に会うとなると緊張し、「いったい何を話せばいいのか？」と、戸惑いを隠せない人がたくさんいます。

しかし、商品やサービスの購入を決定するのは役員です。その役員に定期的に面談し、自社に対する評価を聞いたり、今後のサービス（販売する商品だけではなく、サポート体制なども含めた総合的なもの）について、時代の変化に合わせてあるべき姿を提案することは、営業活動にとって大切なことです。

業界トップの企業をねらう

役員へのアプローチについて、汎用機メーカーのＩ社の例で見ていきます。時は１９６４年、東京オリンピックが開催された年、世の中に「会計機」しかない時代です。そのような中、同社の次世代主力商品である「汎用機」を売り込む販売戦略の例です。既存商品がない状態で、数億円もする新しい商品を売り込むのです。

Ｉ社は当時、「これからの時代は、オンラインという名の通信が社会の基盤となり、それを支える汎用機が主力となっていきます」と、ＰＲしていました。汎用機はその後、同社の販売戦略が功を奏して普及していくのですが、具体的に何をしたのでしょうか？

Ｉ社のとった戦略は２つあります。１つは、役員層へのアプローチです。「これからはオンラインが社会に浸透します。コンピュータが社会のインフラになっていきます」ということを、役員に積極的にプレゼンテーションしたのです。当時は、銀行のオンライン化で別の支店でも出金ができたり、国鉄のオンライン化で新幹線の切符が駅の窓口で買えるようになるなど、画期的な変革があり、世の中が驚いた時代です。

２つめの戦略は、業界１位の企業だけをねらったことです。業界１位の企業が汎用機を購入すると、その後、業界２位や３位の企業は、業界トップが先端技術の汎用機を使って何をしようとしているのか、非常に興味を持つようになりました。汎用機は最低でも１億円はしたので、投資効果がどうなのかなど、その詳細を知りたいというのは役員として当然の心理です。

業界２位以下の企業は、業界１位の企業がどのように汎用機を活用しているのか、どのような効果を期待しているのかなど、情報を収集したいがために、国産メーカーよりも高いＩ社の汎用機を購入しはじめました。やがて、I社は「帝国」と呼ばれるほど、汎用機のシェアを獲得していきました。

まさに、図表1-1の右下にあたる、新規商品を上層部にアプローチして成功したケースです。

(2) 絶対に意識しなければならない法人営業・仕事の構図

4つのゾーンに分かれる仕事の種類

法人営業に携わる営業マンのDさんは、携帯電話などの端末を扱う会社で4年めを迎えています。彼は高卒でこの仕事につきました。若いながらも非常にしっかりした応対で、顧客からも信頼を得ていました。これは、彼と同行営業研修先の企業へ向かう車中での出来事です。

Dさんの携帯に電話がかかってきました。彼はワイヤレスのヘッドセットを使って、てきぱきと顧客とのやり取りをしていました。

「はい、わかりました。今日の夕方、そちらにお伺いします」

と電話を切った後、私は彼に聞きました。

大　森　Dさん、今の電話はどんな内容ですか。
Dさん　○○社さんからです。端末が故障をしたので、取りに来てほしいという依頼でした。
大　森　Dさんは、顧客からの故障の依頼でも、訪問するんですか？
Dさん　はい、します。
大　森　Dさん。今日この後、同じような内容の電話が10件あったらどうしますか？
Dさん　それは、無理ですね……。
大　森　ということは、顧客は、あなたに早く電話した者勝ちですか？
Dさん　……。
大　森　Dさん、今の電話の顧客がこれからの営業活動において、あなたにとって重要であると判断したのであれば、今の対応も理解できます。でも、もしそうではないのなら、もっと本来の仕事をするための工夫を考えませんか？

営業マンにありがちなパターンです。自分が本来すべきことに注力しないで、顧客からのニーズに対してどんな内容にも応えようというタイプです。

図表1-2は、法人営業マンの仕事の種類を4つのシーンに分けた図です。この図から、営

図表1－2　営業マンの仕事の構図

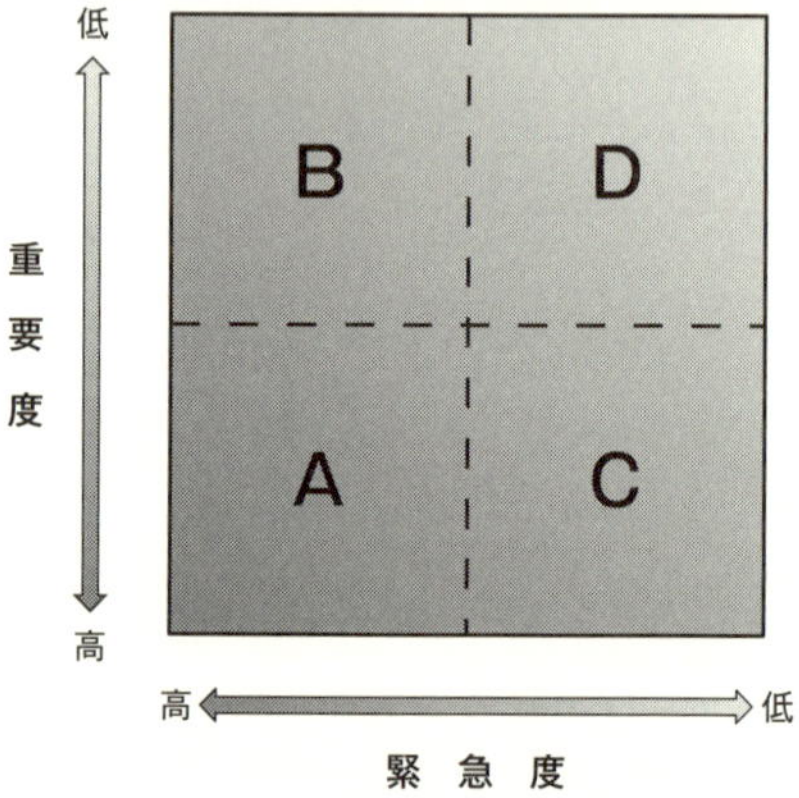

業マンが仕事をしていく中で、陥りがちな傾向を見ていきます。

縦軸は「仕事の重要度」です。上に行くほど重要度の低い仕事、下に行くほど重要度の高い仕事です。横軸は仕事の緊急度です。左に行くほど緊急度が高い仕事、右に行くほど緊急度が低い仕事です。

A～Dのゾーンにあてはまる法人営業の具体的な内容を示すと、会社によってやや異なる部分もあるかと思いますが、おおむね以下のような内容になります。

A（重要度高・緊急度高）受注、売上、入金業務。

B（重要度低・緊急度高）トラブル対応、社内報告業務。

C（重要度高・緊急度低）長期的視点からの売上計画、顧客管理計画。

D（重要度低・緊急度低）交通費等の経費処理。

これらは、あくまでも相対的な視点でまとめています。トラブル対応の重要度が低くなっているところなど、異論があるかもしれませんが、イメージとして捉えてください。

まず、Aゾーンの仕事を見てみましょう。ここに該当するのは、営業マンが最も手をつけやすい仕事が多くあります。顧客からの問合せ、出荷手配、入金確認など月末決算になれば数字に追われ、すぐに手をつけやすいゾーンです。

Bゾーンの仕事は、比較的営業マンが嫌う仕事が多くあります。クレームのような、見方によっては非生産的な仕事はしたくない（逆に、「クレームは宝」という考えもあります）、できれば日報も書きたくない、というような人が多いです。しかし、業務としてはきっちりとこなさなければならない仕事ゾーンです。

Cゾーンはどちらかというと、年間計画のように長期的な視点で行う、計画立案系の仕事が多いゾーンです。

Dゾーンは、どちらかというと雑務に近い仕事です。ICTを活用して、なるべく短時間で済ませたい内容です。

これらの4つのゾーンの仕事には、それぞれ意識すべき重要なポイントがあることを認識してください。具体的には、顧客の要求や上司の指示に追われて、CやDに手が回らないといったことを防ぐためのものです。

(3) 「意識」の使い方と「時間」の使い方

図表1-2について、もう1つ意識してほしいことがあります。それは、「営業の本当に大切な仕事は何か?」ということです。

売上を上げることやトラブルに迅速に対応することの大切さは、日々の仕事から自然に積み上がってきます。したがって、このAゾーンにかなりの時間を費やしているのは間違いありません。

この図に、左右に分かれるように縦線を引いてみます。すると、線の左側のAゾーンとBゾーンの仕事は、目に見える仕事が多く、非常に取り組みやすいことがわかります。さらに、こなせばこなすほど結果が目に見えてくるものです。したがって、このAゾーンとBゾーンをこなせば、仕事をした気になる怖さが潜んでいます。

右のCとDのゾーンの仕事を見てみましょう。こちらは緊急度が低いので、どうしても後手に回ってしまう内容です。比較的創造的な仕事が多いので、検討したからといって答えがあるわけでもなく、いつも悶々とした仕事内容になります。しかし、このゾーンの仕事は、長期的な視点から見ると重要な仕事が多いのです。

多くの営業マンは日々の仕事の中で、AとBのゾーンには非常に多くの時間を費やしている一方、CとDのゾーンの仕事を軽んじたり、取り組みにくいと忌避しがちです。これを改め、それぞれの仕事の重要度を意識してCとDのゾーンの仕事もしないと、ただ動くだけの営業マンになってしまいます。

Dさんはまさに、このAとBのゾーンの仕事をすることで、仕事をした気になっていた典型的な例です。

(4) 今こそコンサルティング営業の時代

インターネットを使えばどんな情報も瞬時に入手できるほか、どんな物でもすぐに購入できる時代になりました。商品によっては、顧客が法人営業マンよりも早く商品情報を入手して、営業マンからの情報がなくても、自社で比較検討ができる時代です。したがって、会社の代表として企業を訪問する営業マンは、単に商品説明をするだけであったり、顧客からの依頼にただ答えるだけでは、いずれ存在価値を失います。

時代はさらに進化を遂げようとしています。米国アマゾンは、ロボット技術による無人ヘリコプターを使って、インターネットからの注文を30分以内に届ける、というサービスを試行しています。これはまさに運転手（ドライバー）が不要の時代を構築するもので、運送業は危機感を持たざるを得ません。

「動く」もしくは「運ぶ」という、ドライバーや営業マンの仕事を無人へリコプターにやらせようとしているわけですが、これ以外にも、伝える・整理する・計算する・記憶する・調べる・検索するなどの機能も、ICTによって代替されようとしています。

ただ、絶対に人でないとできないことがあります。それは「判断すること」と「気持ちを表現すること」です。これこそが、人間である営業マンができることであり、存在価値の証なのです。

判断する際にどれだけの情報を収集し、どんな価値観を重要視して今後の方向性を決めるのか？　これは人間だけが楽しめる醍醐味なのです。

真剣度を表現するのは人間の目であり、情熱を体で表現するからこそ、相手（顧客）はそれに応えて動いてくれるのです。

コンサルティング営業とは、この「気持ちを表現する」「判断する」を、顧客と異なる視点から冷静に客観的に行いながら助言することです。情報提供のように顧客からの要望に応えるだけの仕事は、徐々にICTに替っていくのです。

今こそ、営業マンには「判断」と自分の考え（気持ち）を表現するコンサルティング力が求められているのです。

4　コンサルティング営業のメリット

(1)　長期的な視点を養う

優秀な営業マンにも悩みはあります。非常に優秀で目標をいつも達成している営業マンが、私にふと漏らした言葉です。

「今月のノルマが達成できるか！　毎日、毎日、上司はこの話ばかり……。胃に穴があきそうです」

この手の話はよく聞きますが、彼にもそうした悩みがあったというのは、意外でした。

もっとも、どんなに成績が優秀でも、毎月のノルマを達成することだけを考えていると、だれでもどこかで力つきてしまいます。

図表1-2の営業マンの仕事の構図を思い出してください。営業マンにとって恐ろしいの

は、Ａゾーンの仕事だけをして、仕事をした気になっていることです。本当に必要な仕事はＡゾーンではなく、Ｃゾーンの仕事に向けた意識の向上なのです。

たとえば、経営者にとって毎月の資金繰りは大切です。しかし、月々しか見ていないような自転車操業を続けていると、どこかで資金はショートしてしまいます。そうならないために、1年を通じての資金運用表を作成し、四半期単位の資金繰りを考えていきます。

営業の仕事も同じです。年間を通じての売上目標や活動計画を設定して現況を見ながら、この1年、どんな活動を行っていくのかを考えなければいけません。

コンサルティング営業では、日々の仕事や課題を大局的に捉えるので、これからの顧客のあるべき姿や自身のあるべき姿を考えながら、今日を見るという意識が養われていきます。

個人の夢の実現に向けての今の仕事です。仕事あっての人生ではありません。コンサルティング営業とは、常日頃の多忙な視点からふっとわれに返り、これからの自分と顧客の長期的な視点から何を考えるのか？　何に取り組むべきか？　という視点を養ってくれる術なのです。

(2)　大きな営業感を持つ意識を養う

営業マンにとって重要な意識の1つに、「なるべく役職の上の人に会おう」というものがあります。実務担当者よりも課長、課長よりも部長、そして、できれば社長に会おうという意識です。その理由はいくつかありますが、その1つとして、「大きな営業」「大きな意識」を持って商談ができるようになることがあげられます。

たとえば、実務担当者との商談では、「目の前」の自社商品についての商談しかできない環境が多いです。しかし、現場の責任者や課長・部長に会うと、もう少し大きな視点から意見をもらうことができます。実務責任者からは、自社商品を使ったうえでの率直な意見を聞くことができます。課長・部長からは、実務担当者よりも責任のある意見をもらうことができます。

この「大きな営業」という考えを広げていくと、担当者＜役職者＜社長（会社）＜業界＜社会＜日本＜世界と考えることができます。どこまでの大きさ感を持つことができるかは営業マンの能力に依存しますが、少なくとも、1つ大きく物事を見るという習慣をつけたいものです。

コンサルティング営業は、この大きさ感の概念を学ぶとともに、1つ上の大きな営業に挑戦できる機会を与えてくれるのです。

(3) 自身の営業の強みを積み上げる

私は営業の第一線で働いていたとき、Mさんという非常に相性のよい方と仕事をしました。私のよきパートナーでした。彼も営業マンで、社歴は私よりも長いのですが、会社の立場としては、私が上司でした。彼は私が大雑把に仕事を進めていると、すぐにフォローしてくれました。本当に感謝しています。

あるとき、顧客へのプレゼンテーションで私が大風呂敷を広げすぎて、顧客から不信を買ってしまいました。彼はすぐさま、そのフォローをしてくれました。そのおかげで顧客の不信は解け、ことなきを得ました。私がお礼を言うと、彼はこう答えました。

「課長、それが私の仕事です。大きな商談をするのであれば、あのくらいは必要だと思います。私にはできませんが、それをフォローするのが私の仕事です」

彼は、上司である私の不得意な点を十分認識して、フォローをしてくれていたのです。本当にうれしい限りでした。営業マンにとって大切なことは、自身の強みの意識とそれをさらに伸長していく気概です。不得意分野には、私にとってのMさんのように、側面から支援し合う相互補完の関係が大切です。

営業マンの得意分野はさまざまです。雑談が得意ですぐに顧客との関係を築ける人、新規顧客の発掘が得意な人、提案書を要領よくつくることができる人など、いろんな人がいます。どれも営業に必要な要素ですが、すべてを兼ね備えたスーパーマンは存在しません。第2節の(4)で述べた商談ごとの振り返りを通じて、ＢＳ意識を持ちながら自分の得意分野を見きわめ、ここが「強み」という自信を得ることで、大きな成果につながっていくのです。

【第2章】

コンサルティング営業に向けた4つの柱

営業マンは、新人としてスタートしてからベテランになるまでに、持って生まれた性格や上司・先輩のアドバイスを通じて時間とともにスタイルができていきます。会社には、営業マンを育て、自社商品に付加価値をつけて販売していくために必要な柱があります。この章では、法人営業のスタイルを見ていきながら、組織としてコンサルティング力のある営業マンを育てるための柱を説明していきます。

1　法人営業マンの仕事スタイル

(1)　4つの仕事スタイル

法人営業には、4つの仕事スタイルがあります（図表2－1）。

①　商品紹介を中心にした営業スタイル

営業として入社してまず必要とされるのが、自社の商品の説明ができるようになることです。併せて、業界の動向や競合の状況を把握し、自社商品との違いや位置づけを理解していき

図表2-1　法人営業マンの4つの仕事スタイル

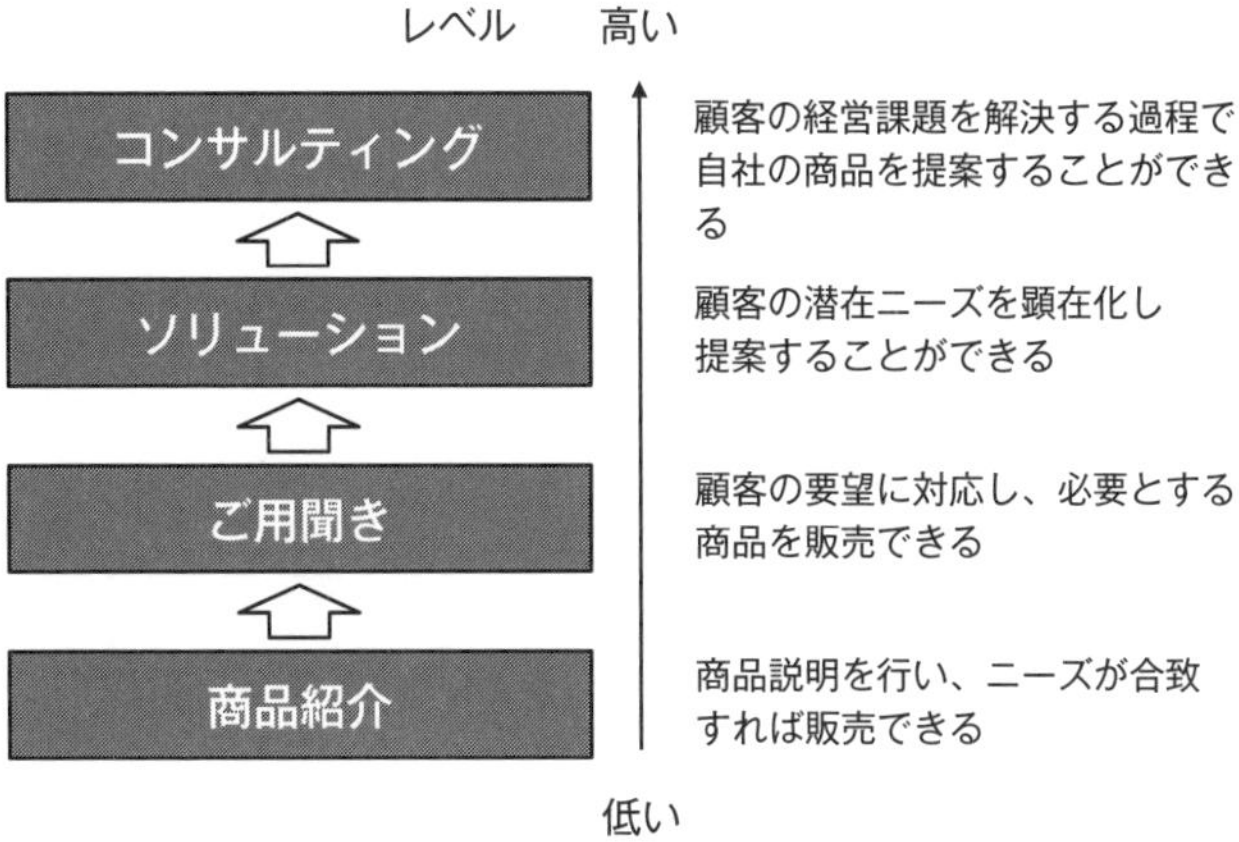
レベル　高い
コンサルティング
顧客の経営課題を解決する過程で自社の商品を提案することができる
ソリューション
顧客の潜在ニーズを顕在化し提案することができる
ご用聞き
顧客の要望に対応し、必要とする商品を販売できる
商品紹介
商品説明を行い、ニーズが合致すれば販売できる
低い

ます。自社の取り扱っている商品を説明し、それが顧客のニーズと合致すれば販売するという営業スタイルです。通常、入社6ヵ月から1年後には、基本的なことができるようになります。

②　ご用聞き営業

自社の商品知識が身につき、業界動向や競合店との差別化の仕方などにも慣れたころから、この営業スタイルが始まります。会社の文化や社長の方針が理解でき、顧客との定期的なコンタクトを通じて、依頼されたニーズに応えていく営業スタイルです。世の営業マンには、このスタイルが最も多いです。

③　ソリューション営業

顧客の潜在ニーズに対して、仮説を立案していく営業活動を行うという特徴があります。最近は「物」

を売るのではなく、「こと」を売ることに重点を置いた営業活動が求められる時代になりました。物売りからの脱皮を目指して商品に付加価値をつける。商品だけを販売するのではなく、解決策を販売し、法人顧客との信頼関係を構築していくことを重視した営業スタイルです。

④　コンサルティング営業

これは法人営業を行う営業マンにとって、最もレベルの高い営業活動です。具体的には、顧客のニーズの中で経営課題を把握し、その具体的な方策を進めていく中で、自社の商品だけではなく、種々の情報を収集しながら最適な提案をしていく営業スタイルです。経営的な知識に加え、政治・経済にも精通している必要があります。

これ以降、①と②の営業スタイルを「物売り営業」、③と④の営業スタイルを広義のコンサルティング営業と表現します。どの営業マンも最初は「物売り営業」からスタートします。そして、経験を通じてコンサルティング営業が求められるようになり、営業マン自身も付加価値を高めていきます。

(2)　物売り営業の限界

自社の都合と顧客の立場

法人営業とは文字どおり、法人顧客に自社の商品やサービスを買っていただく活動です。しかし、「新商品が発売されましたのでぜひ！」と、営業マンが訪問のつど一方的に紹介し、ただ買ってくださいの営業活動ばかりでは、顧客の満足を得ることはできません。新商品が発売されても、その機能や性能が、顧客が求めているものかどうかわかりません。場合によっては、顧客には何の意味もないものかもしれません。

物売り営業は、継続的に営業活動を続けていく中で、必ず限界がやってきます（図表２−２）。その限界とは、「商品に依存することからやってくる限界」です。今の時代、顧客が求めているものは商品の機能や性能だけではありません。むしろ、商品の機能や性能によって得られる、利便性や効果のほうに関心が高まってきています。

取扱商品がスーパーで販売されている食品メーカーの例を考えてみましょう。営業マンが訪問のつど、新商品のコンセプトやターゲット、特長、リベートなど購入してもらうための条件などを、いくら魅力的に語っても、それらは自社の都合でしかありません。大切なのは、顧客であるスーパーの立場で考えることです。つまり、スーパーが取り扱っている商品の中で自社

図表2-2　物売り営業とコンサルティング営業

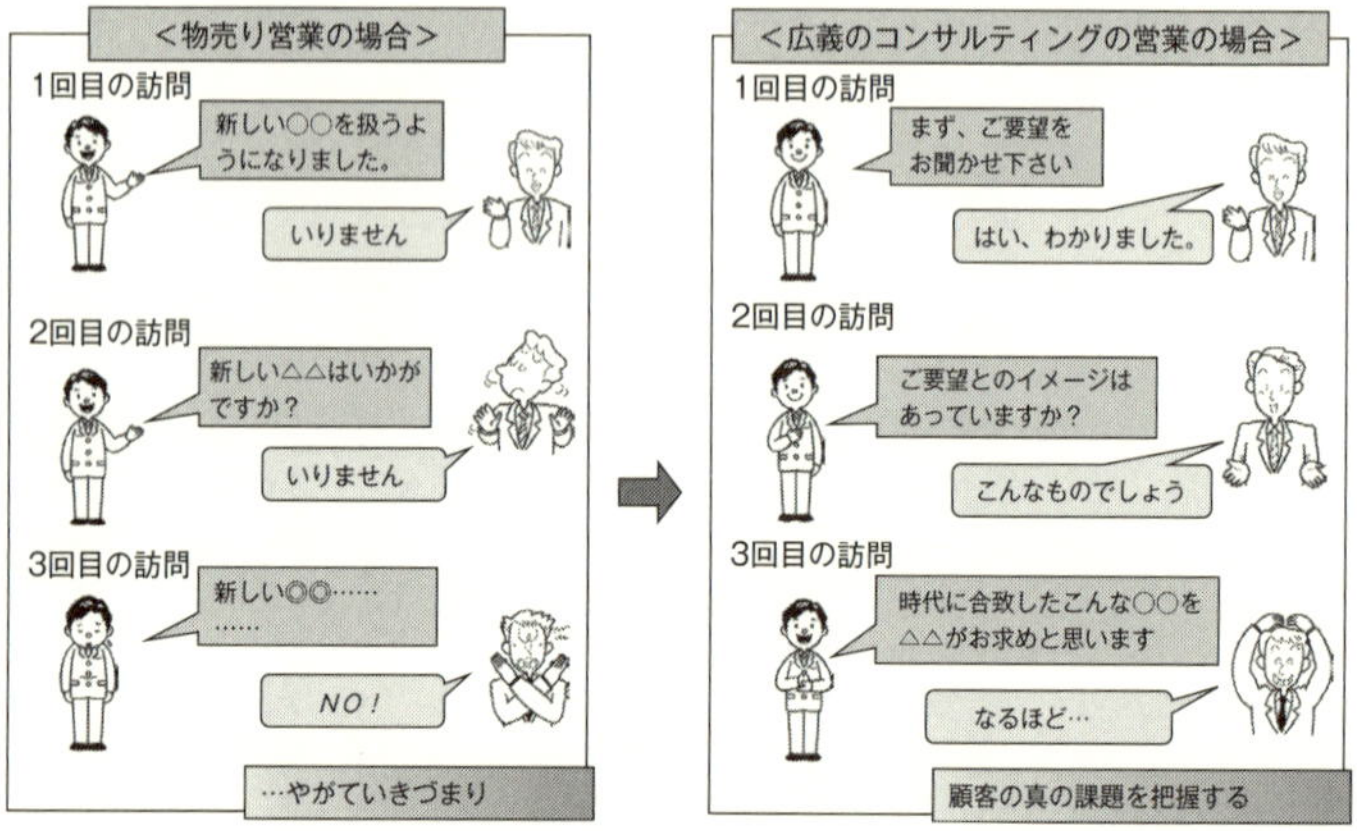

＜物売り営業の場合＞
1回目の訪問
新しい○○を扱うようになりました。
いりません
2回目の訪問
新しい△△はいかがですか？
いりません
3回目の訪問
新しい◎◎……
……
NO！
…やがていきづまり
＜広義のコンサルティングの営業の場合＞
1回目の訪問
まず、ご要望をお聞かせ下さい
はい、わかりました。
2回目の訪問
ご要望とのイメージはあっていますか？
こんなものでしょう
3回目の訪問
時代に合致したこんな○○を△△がお求めと思います
なるほど…
顧客の真の課題を把握する

の商品がどのように位置づけられるか、スーパーがこれから販売したいと考えているターゲットに合致しているか、ターゲットに向けた訴求ポイントは何か、どのような見せ方が効果的か——などについて、どれだけ顧客の立場になって考えているかが重要なのです。

　自動車販売会社の例を考えてみましょう。私たちはマイカーの購入を検討する際、メーカー名や排気量、価格だけで決めることはありません。これらは購入に向けた大切な検討要素ではありますが、それよりも、乗り心地やデザイン・色、子どもの成長など、これからのライフスタイルをイメージしながら、具体的な車種を検討していきます。

　営業マンが、「今、キャンペーンをやっていますから」は、購買の決め手にはなりません。顧客が求めているのは購入後にやってくる、家族と車に乗っている楽しいイメージやステータスなのです。

理美容室に代表される、目に見えないサービス業の場合も同じことがいえます。営業マンがいくら自社の新商品の効用・効果を説明しても、最終的な顧客（理美容室を利用する一般消費者）にとって、どんなイメージになるのかが伝わらなければ、買ってもらえません。たとえば、爽快感や清潔感、心地よさなど、五感を介した喜びを伝える必要があります。

しかし、現実は物売り営業に限界があることを理解していない営業マンがまだまだ多いのです。

成長を阻む物売り営業

しつこいようですが、顧客が求めているものは、商品が持っている機能や性能だけではありません。その商材がもたらす顧客のメリットや自社の業務上、もしくは経営上の意味づけや効果を期待しているのです。

その効果は顧客の環境によって異なってきます。営業マンが通り一遍の商品説明ばかりしていると、図表2-2のように、いずれ顧客から「もう来なくてもいい」と言われてしまう可能性があります。

そして、最も恐ろしいことは、営業マンの成長が期待できないことです。営業活動の最終目標は、顧客との継続的な信頼関係を得ることです。新商品が発売されたからというだけで、顧客の環境や状況を理解せずに提案しても、共感を得ることはできません。顧客からは、「この営業マンは自社の商品を売ることしか考えていない」と思われるだけで、信頼関係は永遠に得られません。

(3) ソリューション営業とコンサルティング営業の違い

売ることよりも問題解決が第一

皆さんは、ソリューションとコンサルティングという2つの言葉を使い分けていますか？営業部という部署で見ると、ソリューション営業部という部門がコンピュータ業界をはじめ、さまざまな業種にあります。一方、コンサルティング営業部は、国内のシンクタンク系のコンサルタント会社では見かけますが、それ以外ではあまり見かけません。両者を比較すると、コンサルタント会社はコンサルティングという支援を通じて対価を得るのに対して、ソリューション営業部は自社商品を販売して、対価を得るという違いがあります。

ソリューション営業は、最終的に自社の商品を販売することが目標です。私が勤務していた外資系のコンピュータメーカーは、システムとそれを稼働するコンピュータを販売することが目的でした。現在はコンピュータメーカーに限らず種々の業種で、訪問の際には仮説を立て、自社の商品・サービスを顧客の視点から見て、そのよさを説明しながら検証していく営業活動を行っています。

一方、コンサルティング営業は、顧客の経営者が求めている課題を実現することが目標です。営業マンにとって自社商品が売れるか否かは非常に重要ですが、それは二の次にして、営業マンはまず顧客の課題解決に向けて真摯に向き合い、徹底して分析・検討し提案をしていきます。その姿勢が、顧客の信頼につながり、提案の中から自然に自社商品の販売につながっていくのです。そして、**顧客の課題に真摯に向き合っているうちに、営業マンの中にコンサルティング力が自然に培われていくのです。**

営業マンの目標と会社の目標を混同しない

企業は、自社商品を販売することが目的なので、ソリューション営業を通じて商品・サービスの販売を目指します。一方、営業マンはコンサルティングを意識した営業活動により、経営者と面談する意識の向上や経営課題に真摯に向き合う姿勢を醸成することが目標となってきます。このように、目的は企業・営業マンいずれも「法人の顧客からの信頼を得る」という点で同じなのですが、目標へのプロセスが異なってくるのです。

この違いを営業マンの顧客へのアプローチステップから比較してみます。

図表2−3　企業はソリューション、営業はコンサルティング

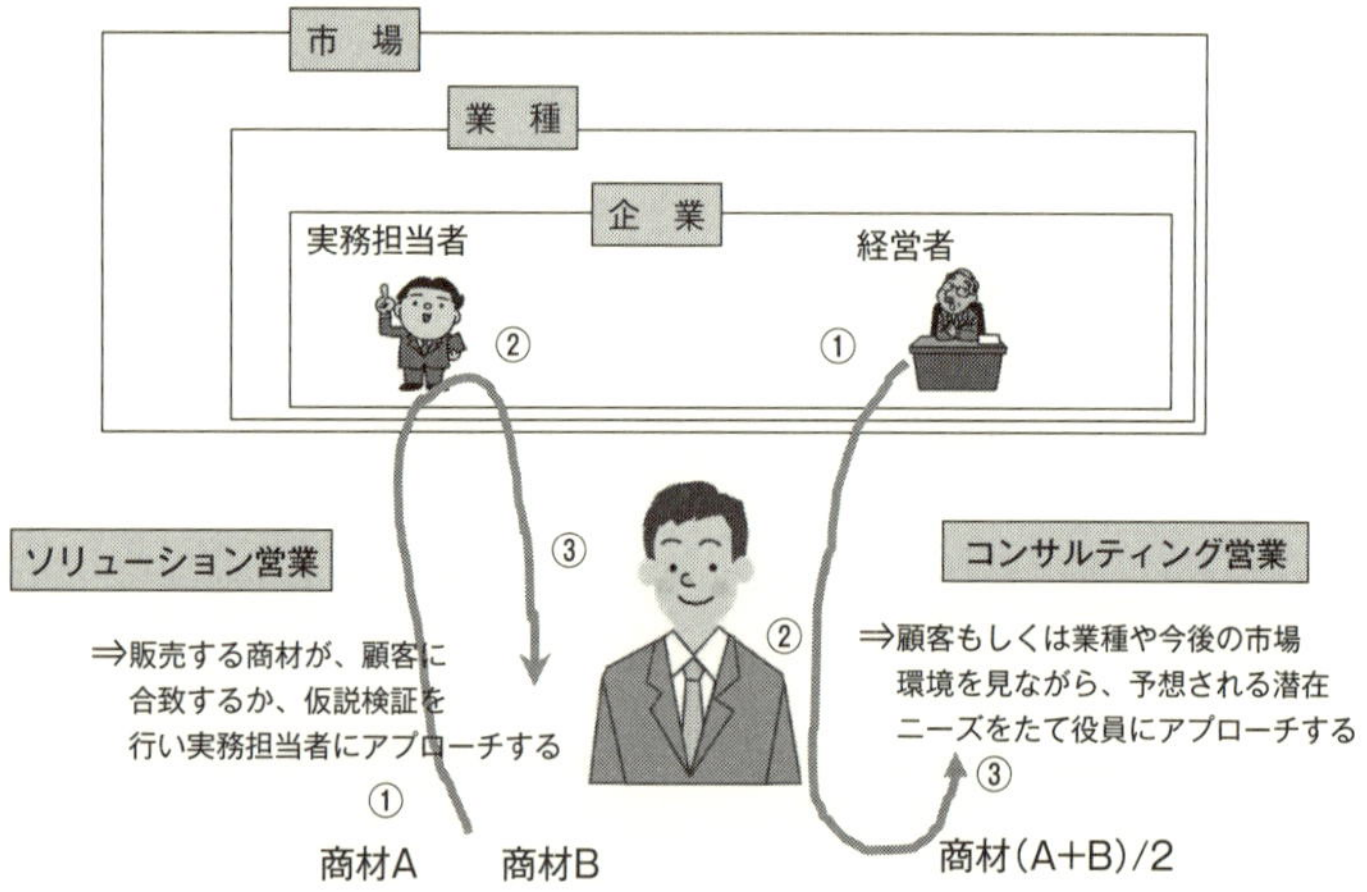
市　場
業　種
企　業
実務担当者
経営者
ソリューション営業
⇒販売する商材が、顧客に
合致するか、仮説検証を
行い実務担当者にアプローチする
商材A
商材B
コンサルティング営業
⇒顧客もしくは業種や今後の市場
環境を見ながら、予想される潜在
ニーズをたて役員にアプローチする
商材(A+B)/2
①
②
③

ソリューション営業では、次のステップを踏んでいきます。

①　まず、自社の商品・サービスが顧客にとってどんなメリットがあるのか。仮説を立てる。

②　顧客の実務担当者に、立てた仮説がどの程度受け入れられるのか、商談を通じて検証する。

③　法人営業マンは、実務担当者の評価を確認しながら商談としての実行性（受注できるか否か）を判断する。

コンサルティング営業は、次のステップを踏んでいきます。

①　経営者（できる限り社長）に面談することからスタートし、今後の事業方針や業界動向、市場環境についての話を聞く。

② 法人営業マンは、経営者が考える今後の意向を把握し、その中から予想される潜在ニーズを想定し、自社商材をどのように織り交ぜるのが最適か検討する。

③ 検討結果について、経営者から見た場合、その商材がどういう意味があるのかを顧客視点で説明し、商談としての実行性を判断する。

企業はソリューションを通じて自社の商品を販売します。ですが、営業マンは、自社商品をソリューションに置き換え、顧客目線でコンサルティングを行って自身の成長の糧とする、という姿勢を貫いてください（図表2-3）。

(4) 仮説・検証思考について

次に、広義のコンサルティング営業で必要となる仮説・検証思考について見ていきましょう。仮説とは、「社会現象の情報分析から想定できる事柄」を意味します（『ブリタニカ国際大百科事典』より、一部加筆修正）。

この文章だけを読むと、非常に難しく感じますので、簡単なケースを紹介しましょう。

ある企業内研修に参加した受講生（男性）に、一緒に研修を受けている女性で気になる方がいたとします。そして、お昼休みに彼女と一緒に食事に行きたいとします。どのように声をかけたらよいでしょうか？

たとえば、「○○さん、お昼一緒に行きませんか？」

残念ながら、これは何も考えていない一番だめな例です。

これを仮説検証を意識した質問に変えてみます。まず、彼女は和食が好きだという仮説を立てます。そして、いいお店を探して予約をしておき、次のような質問をしてみます。

「○○さん、この近くに魚料理を中心にした新しいお店ができたのご存じですか？　実は、12時15分で予約を入れてあるんです。よければご一緒しませんか？」

すると、「ごめんなさい。私は魚が苦手なので、肉のほうがいいの」という返事があり、彼女は肉料理が好きだということがわかりました。そこで、彼はあわてて肉料理のお店に予約を取り直すことになります。

これを企業経営の話に置き換えてみます。経営者は、社内外で起きた問題の原因を分析して対策を検討したり、新たな目標に向けた課題に取り組んでいます。仮説検証はこの問題や課題の原因を考えることからスタートします。これも、具体的な例で見ていきます。

ある小売店の売上が低迷しているとします。なぜ売上が低迷しているのか？　それには、さまざまな要因が考えられます。「天候不順により、季節に合致した品揃えができていない」「従業員（アルバイト）の応対が悪い」「そもそも品揃え自体が周辺の市場環境に合致していない」

などが仮説になります。

もし、この企業に営業活動を試みたいとします。あなたは、どのような仮説を立てて訪問するでしょうか？　さまざまな仮説が考えられますが、以下のような仮説を立ててみます。

◎ 来週から気温が一気に下がるので、この商品を店頭のマグネットポイント（店内で顧客の一番目につく場所）に置いて、店の売上に貢献したい（お店に季節感のある品揃えができていないという仮説）。

◎ アルバイトの学生が新年度から大きく入れ替わる。これを機に新人教育マニュアルと各人のスキルチェックを行うシステムを採用して、店の接客力を上げたい（店主が教育は売上に関係しないと考えているという仮説）。

◎ レジの横に店に並べてほしい商品受付箱を置いて、ニーズを把握し品揃えを見直すシステムを導入してほしい（店主は顧客ニーズを把握できていないという仮説）。

営業マンはこのような仮説を立て、顧客の売上が低迷している原因をヒアリングによって検証し、問題の認識度を模索し、解決の方向性を考えていきます。

コンサルティング営業やソリューション営業と聞くと、ヒアリング力や仮説検証力が必要だなどと難しいイメージがありますが、決してそのようなことはありません。上司や先輩もしくは外部の支援者が営業マンのキャリアや印象、日頃の営業活動を観察し、可能であれば営業マンと同行して、営業マンに合致した適切な助言をすれば、コンサルティングのできる営業マンとして成長していくのです。

(5) 目標とのギャップを把握する

顧客との仮説検証によって、今後の改善の視点についての合意形成ができたとします。次に、この改善の視点から、「いつまでに、どんな目標に到達したいか」についての意識合わせを行います。いくらよくしていきたいといっても、具体的な目標を持たなければ何の意味もありません。この作業を可視化したものが図表2-4です。

先ほどの小売店を例にこの作業を行うと、次のようになります。

◎ 弊社の新商品を採用してもらい、来月は対前年比10%増の売上を目指したい。
◎ 店員の接客接遇改善で、顧客のリピート率10%アップを期待し、売上を対前年比5%増を目指したい。

図表2－4　目標とのギャップ

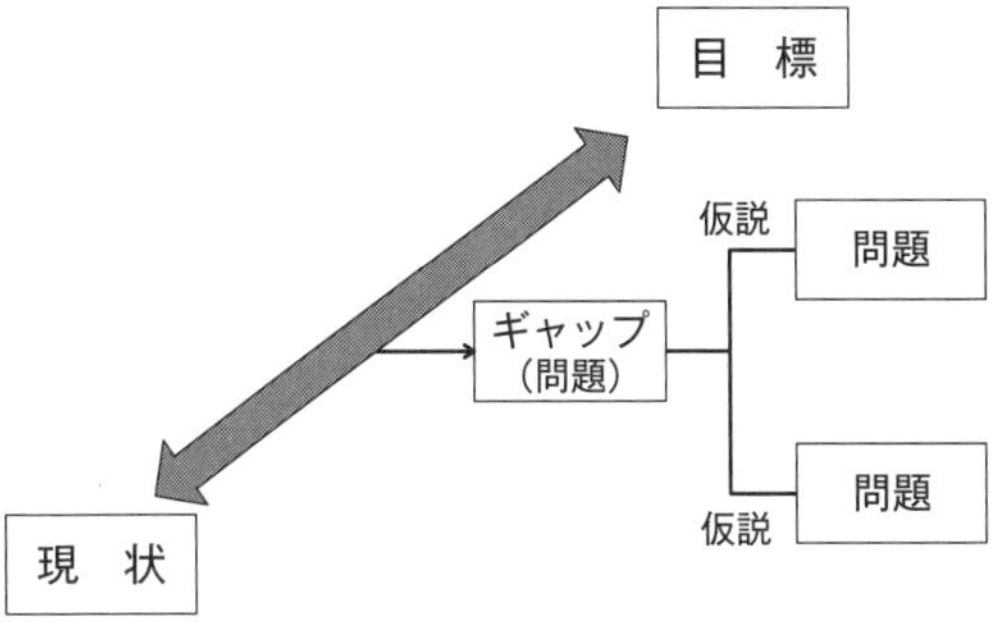

このように、現状と目標を認識しながらそのギャップ（問題点）をより浮き彫りにした後、具体的な目標については、時間軸（いつまでに）と数値目標（販売数量や売上高やシェア率など）を設定することにより、イメージが具体的になってきて、目標達成に向けた計画立案ができるようになってくるのです。

(6)　仮説検証を繰り返す習慣をつけよう

仮説検証の最後は、このサイクルを循環させる習慣をつけることです。コンサルティング営業とソリューション営業は仮説・検証思考に基づく訪問前の準備と、顧客と商談時の検証が軸になってきます。そして検証した内容をもとに、さらにもう一歩踏みこんだ、次の仮説を立案していきます。

この仮説検証を繰り返していくと、顧客の現状が把握できるだけでなく、問題点（原因や要因）や今後の目標を見据えたうえでの課題が明確になってきます。そして、最終的な目標である解決すべき方策の企画提案ができ、念願の受注や顧客との信頼関係につながっていきます。

顧客は必ずしも、積極的に自社の状況を教えてくれるわけではありません。特に問題点など、言いたくないのが本音です。そのような状況で顧客の現状を把握するためには、訪問準備を入念にしておく必要があります。訪問前に、どんな点が悩みであるか？　どんな課題が潜んでいるのか？　自社のソリューションがどのような形でお役に立てるのか？　について仮説を立ててください。

そして、仮説は1つではなく、複数の仮説を立てる訓練をしてください。可能であれば、3つくらいの仮設で話題を広げる力を養ってほしいものです。

複数の仮説で話題を広げる例として、スーパーへの営業を考えてみましょう。まず、営業マンとして自分がすべき仕事は何かを考えます。ここでは、①新商品の紹介、②催事に向けた販促計画や品揃えの方向性の助言、③自社もしくは営業マンに期待されている役割を明確にすること――の3つを想定してみます。

これを仮説に置き換えると、次のようになります。

◎　顧客の市場環境から見て、この商品は今回の催事には○○万円が目標売上、最終消費者には、３つの△△から反応を見てみる。
◎　チラシのキャッチは○○、品揃えは当日の天気と気温と時間帯によって変更、試行を繰り返す。
◎　営業マンへの期待については、３つの仮説を用意し、商談最後の雑談でそれとなく聞いてみる。

この３つについて、具体的な商談の中で検証を行っていきます。その際、担当者の興味や思いを一言一句聞きもらさないようにしながら、流れを崩さないようにしてヒアリングをするスキルが求められます。

仮説・検証を通じて、どこまで顧客が抱える課題の本質に近づくことができるのか、いくつの課題に到達することができるのか、営業マンの実力の見せどころでもあり、営業冥利につきるところでもあるのです。

2 コンサルティング営業を支える4つの柱

営業マンがコンサルティング力を上げるために必要な仮説検証力を説明しましたが、ここでは、組織が求める営業マン育成のための4つの柱について説明します（図表2－5）。

① 顧客目線の育成

営業マンはどうしても売りたいという思いから、買ってくれる目先の顧客に目がいくのは当然です。しかし、ここは一歩引いて、自分が顧客の立場に立った際にはどう考えるのか？　という目線を育成することです。まず、この目線に立つことを意識してください。

② チーム営業

世の中の商品・サービスのコモディティ化が進んでいる今、営業マンは顧客に、なぜ自分からものを買うのがよいのか、その理由を示す必要があります。その理由となるのが営業マンのコンサルティング力であり、そこから生じる顧客にとってのあなたの魅力です。そうした力はチームの仲間と切磋琢磨する中から生まれてきます。それは、営業マン個々のスキルアップに

図表2-5　コンサルティング営業を支える4つの柱

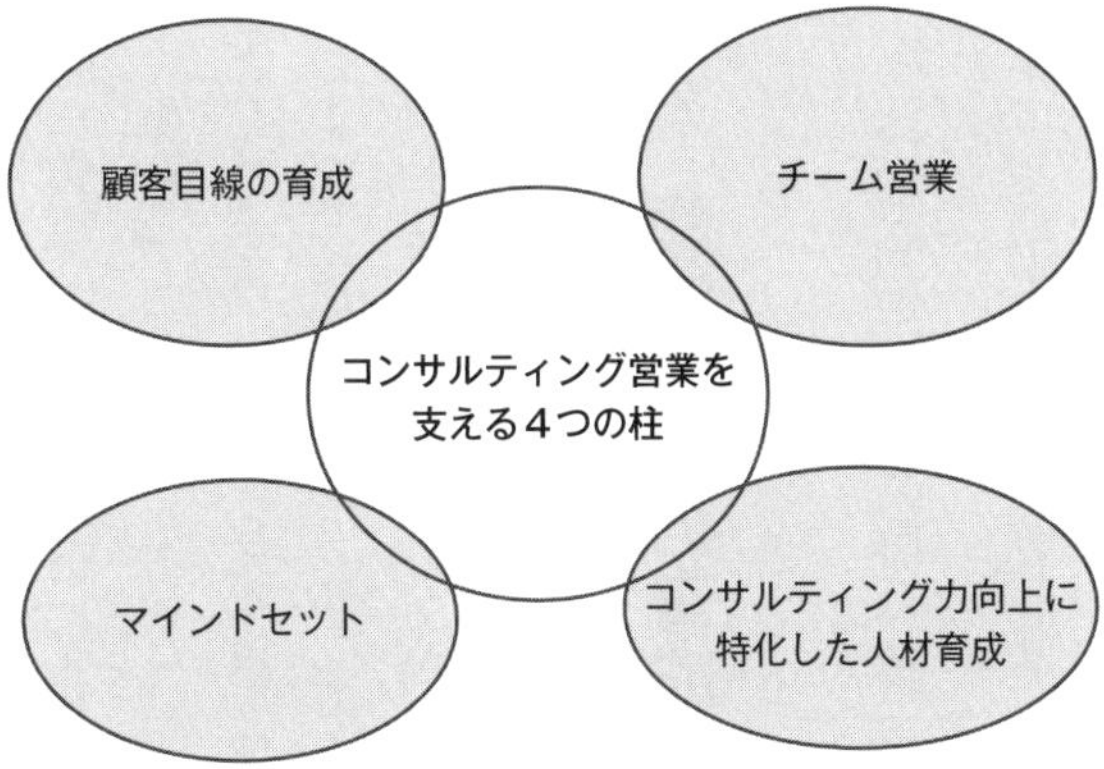

とどまらず、会社の強みも増していきます。そのために、チームという意識を高めることは非常に重要な要素です。

③　マインドセット

どんなに能力があっても、どんなに勉強をしても、営業としてのやる気が伴っていないと意味がありません。その気持ちをどのように持ち続けるのか、コンサルティング営業に向けてどのように気持ちを切り替えるのかを意識しなければいけません。改革というほどではないかもしれませんが、気持ちを入れ替えるという意識は重要です。

④　コンサルティング力向上に特化した人材育成

コンサルティングの力は一朝一夕に身につくものではありません。時間をかけながら組織として、また、営業マンが個人で越えなければいけないハードルがいくつかあります。営業マンとして越えなければならないことが、ご説明した①～③の要素です。これらのバランスがとれているか、自らを長期的な成長の視点から振り返る、コンサルティング力向上に特化した自らの育成指針が大切です。組織として最も重要な点は、企業個々に求められる、社員に必要な付加価値のつけ方を会社として積み上げ、全体最適を検討していくことです。

この4つの柱が、東京タワーの4本の脚のようにしっかりと固定できてこそ、組織として売上増を目指す基盤ができてくるのです。

3　顧客目線の育成（4つの柱　その1）

(1)　長期的視点から見た販売計画

企業は年間を通じた経営計画や売上目標を設定しています。そして、営業マン個々の実力に応じた売上目標を設定し、部門においてその具体的な戦術や計画を立案していきます。

私がコンサルティング営業を目指す営業マンにいつもお願いしていることがあります。それは、従来の数字中心の販売計画に加えて、営業マンから見てこれから伸長していくと思われる企業、もしくは良好な関係ができている企業、もしくは重要と思われている企業（取引金額が大きいということも重要な要素ですが、できれば企業規模に関係なく）を3社選ぶというものです。

そして、その3社に対して、営業マンとしてのコンサルティング力向上と自社のソリューション販売に向け、どのような営業活動を行っていくのがよいのかを考えてもらうようにしています。これは顧客に焦点をあてた、長期的な視点からの販売計画を洞察する練習です。

第1章で紹介した、雑談を一切しないBさんは、顧客への思いが非常に強い営業マンです。まだ営業経験が浅く、しっかりとした顧客への支援計画を立案できるだけの力はありませんが、私は彼の情熱にすばらしいものを感じていました。しかし、情熱・熱心さだけで顧客は商品やサービスを購入してくれません。**大切なことは、「顧客に弊社の商品を買ってほしい」という思い以上に、顧客に「どのような貢献をしたいか、お役に立てるか」を常に意識して、営業マン自身の考えを顧客にぶつける気持ちなのです。**

営業マンの考えを顧客が受け入れてくれるかどうかは、わかりません。顧客からは、いらぬおせっかいとか、もっとしっかりとサポートをしてほしいと言われる場合もあります。それでも、営業マンが熟慮した結果として、営業として顧客への活動方針を伝えるのです。顧客がその気持ちを受けとめてくれることが、信頼関係を築く最初の一歩です。

①営業としての基本である売上目標をどのように達成していくのかを考えること、②主要顧客に対して、長い目でどのような営業活動を通じて信頼関係を構築していくのかを考えること——この2点は、コンサルティング営業を求める企業と営業マンにとって、車の両輪なのです。

(2) 顧客と学ぶ姿勢

私が外資系のコンピューターメーカーに勤務して1年半が経過したころ、大手顧客を担当することになりました。営業としては駆け出しだったので、上司と一緒に担当のご挨拶をしにその会社を訪問しました。

その席で、お会いした役員の方が、「大森さん、弊社に訪問した際にはぜひ私の部屋を覗いてくださいね」と、やさしい言葉をかけてくれました。あつかましい私はその言葉を真に受けて、この会社を訪問するたびに必ずこの役員の部屋を訪れ、事業の状況や導入したシステムの進捗状況について話をしながら、意見交換をさせてもらいました。

コンサルティング営業とは、顧客の成長を支援する活動です。私のような青二才の営業マンを、この役員は受け入れてくれました。経験の浅い私でしたが、役員はその道のプロとして私の意見を真摯に受けとめてくれました。

営業マンとして、買ってほしいという気持ちはよくわかります。しかし、顧客を訪問する行動そのものが営業活動なのです。したがって、それ以上に「売り込む！」という営業姿勢はよくありません。大切なのは、顧客の現状を正しく把握する、信頼関係を築くことができるまで顧客から学ばせていただく、という姿勢です。この姿勢で接しないと、お互いがプラスにはなりません。私はこのとき、この会社にとってお役に立てる情報は何なのかを常に考えた営業活動をすることを通じて、育てていただけたと感謝しています。

自社が取り扱う商品以上に、顧客の現状を勉強することが大切です。たとえば、業界動向はどうなのだろうか、為替変動はこの企業にどのようなインパクトがあるのか、社長はどんな価値観を大切にした経営活動を行っているのか、この会社の理念にはどんな意味があるのだろうか、創業１００年とあるが１００年続いた源泉はどこにあるのだろうかなど、しっかりと話を聞いて理解する姿勢を貫く気持ちが大切です。

顧客とともに自分も成長する楽しさと厳しさを体得してください。売上実績は顧客が営業マンに示した通信簿です。

(3) 商品を通じて顧客に提供できる価値を考える

価値という言葉は営業活動だけではなく、経営活動や生産・財務においてもよく使われています。その意味は分野によって異なっています。ここでは、価値を次のように定義します。

「営業マンが提案する商品・サービスによって顧客が得ることができるメリット」

では、顧客は何を価値と捉えるのでしょうか。私は、大きく分けて３つあると考えています。小売業を例にとって、その価値を考えてみましょう。

① コストの低減

これは、３つの価値の中で最もわかりやすいものです。ほとんどの顧客は性能や品質が変わらないのであれば、安くなることは大歓迎です。ただ怖いのは、営業マンが安易に走る可能性があり、最も危険な価値です。なぜならば、何をもってコストと計算するのか、その組織の原価管理体制やルールを理解しないと明確なメリットとして訴えることができません。安易なコスト低減は営業マンにとって、逆に墓穴を掘ってしまうことになります。

② スピード化（時間短縮）

楽天の三木谷浩史会長兼社長がまだ若きベンチャー起業家のとき、常日頃社員に鼓舞していたことは「Speed Speed Speed」でした。最近では、大企業が天災などの発生時のリスク管理として、従来の階層型の連絡体制ではなく、まずは役員に報告するというホットラインを設け、より敏速に対応する体制を敷いています。われわれが提供する商品・サービスがお金に換えられない時間（スピード）を提供するというのも大きな訴求できる価値なのです。

③　品質向上

品質というと、製造業での工程や製品の価値向上のイメージが強いかもしれませんが、決してそれだけではありません。たとえば、営業活動の場合、1件当たりの訪問内容をいかに充実させるか、営業マンの活動内容の向上や提案書の資料作成内容をより短時間で高密度の内容に完成させるか、などが質の向上につながっていきます。1人当たりの生産性向上と考えていくと、さまざまな価値が考えられます。

この3つの価値について、いつまでに何をどのくらいというように、できる限り数字で表現することにより、付加価値の「価値」の部分が共通の尺度として明確になり、顧客との意識合わせができるようになるのです。

(4) 価値アップツール（宣言シート）の作成

企業は営業マンが具体的な営業活動がスムーズにできるように、さまざまな販売促進ツールを作成しています。たとえば、カラー刷りの商品パンフレット、商品の機能や特長がわかる仕様書、見積書や契約書がすぐに作成できるExcelの基本フォームなどが用意されています。

読者の皆さんが、これからコンサルティング営業を目指すのであれば、このような画一的な売り手中心の資料だけでは不十分だと認識してください。理由は、コンサルティング営業とは、顧客の求めているニーズに対して適確な助言を通じて売上増を支援するものだからです。顧客視点から見て、どのような説明方法がいいのか、どのような資料に作り変えればいいのか、自らのキャリアや能力に応じて考え、作成していかなければいけません。

換言すれば、営業マンは、商品・サービスが顧客に提供できる価値を経営者層から見てわかりやすく翻訳する意識を持つことが大切です。この翻訳の際、営業マンは担当している企業ごとに、どこまで訳すことができるのかを考える必要があります。担当する市場や顧客環境に応じた活動を実施し、顧客との会話の中から翻訳資料のブラッシュアップを図っていくことが大切なのです。

では、具体的に翻訳ツールを見ていきましょう。図表2-6は、「宣言シート」というアプロ

図表2-6　宣言シートのサンプル

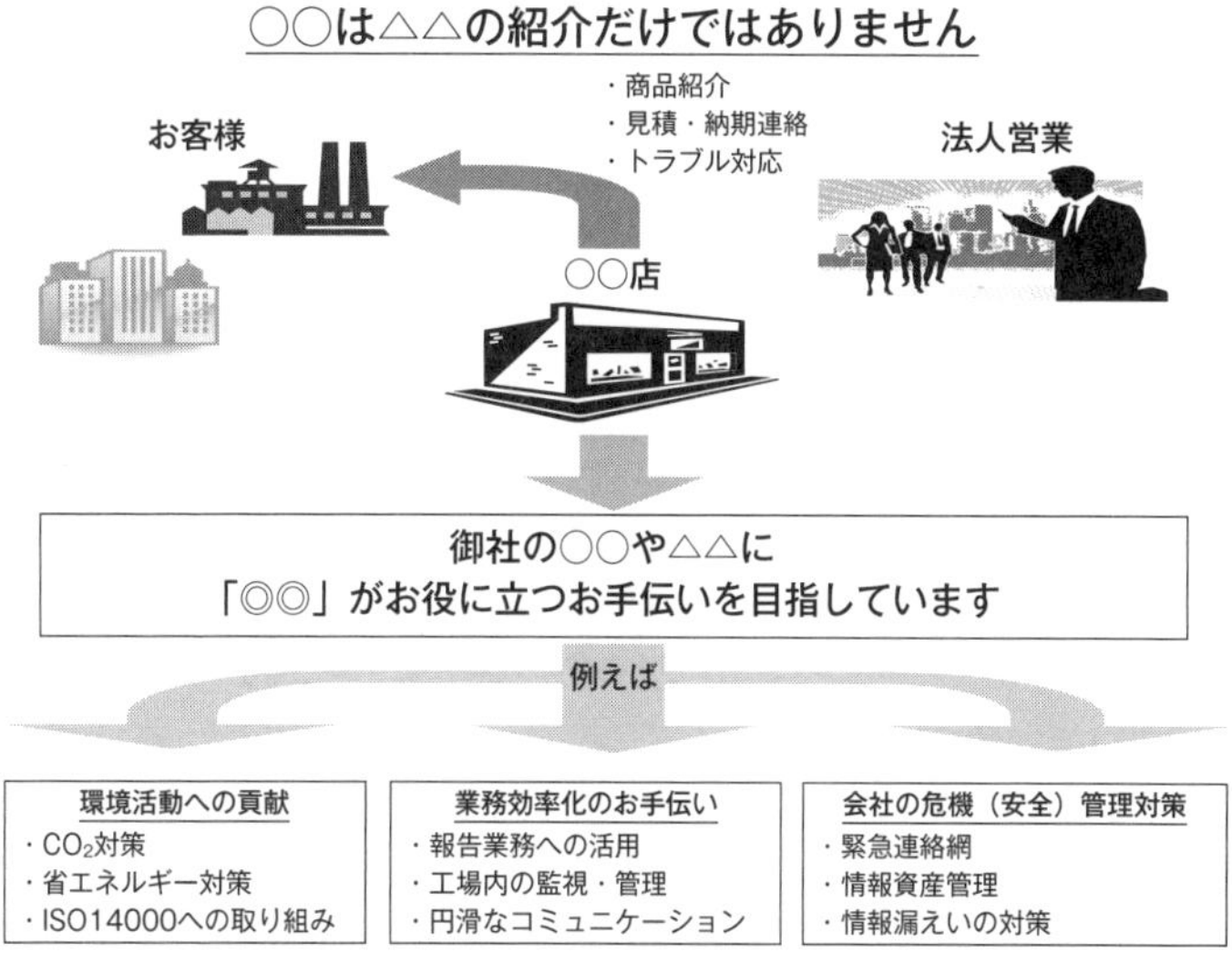

ーチ資料のサンプルです。これは、営業マンが物売り営業からの脱皮宣言を図る資料です。コンサルティング営業を目指すには、まず自らが意識を変える宣言を顧客に実施するところからスタートします。「私○○は今までの△△の紹介だけではなく、御社の販売促進支援や社内コミュニケーションの円滑化を図ることのお手伝いをさせていただきます」と宣言します。

私は研修の際、この宣言シートを営業マンと営業マンが訪問する顧客にその意識を変えてもらうための資料（促進剤）として、作成することをお願いしています。単なる口頭だけではなく、目にも訴えることのできる書面をもって顧客に訴える。また、自らが資料を作成することにより、その資料には魂が入り、説明にも力が入るのは間違いありません。

宣言シートはできれば、業種や企業のスタイルに応じて種々のタイプを考えていく意識がほしいです。業種の場合には、製造業・卸売業・小売業・サービス業といった分類です。そして、小売業の場合は、路面店・駅前店・商業集積店といった業態別に考えてみることもできます。顧客が求める最終の解決策も環境に応じて千差万別です。顧客目線で見て、何が最も訴求力が高いのかを考えます。訪問結果をよりよいものにするための努力は欠かせません。

私は、顧客から出入り禁止になってしまったある営業マンに対して、この宣言シートを使って挽回するように勧めたことがあります。彼が出入り禁止になったのは、多くの部門がある中の、たった1部門からです。何度お願いをしても、受け入れてもらえなかったそうです。そこで私は、発想を変えて、異なる部門にこの宣言シートを持って、異なる商材でアプローチをしてみるようにアドバイスしました。

彼はそれを実行しました。商品を実際に使う現場部門を訪れ説明したところ、使い方のおもしろさから、「いいじゃない」という評価をもらいました。残念ながら、最終的な契約には至りませんでしたが、発想を変えて、普段面談していない部署を訪問してみると、われわれが思いもつかない返事をもらい、顧客から気づきを与えられることもあります。

(5)　価値アップツール（トークスクリプト）の作成

シートを作成し、顧客に物売り営業からの脱皮を宣言したならば、商談内容は商品説明から顧客の現状をお聞きするヒアリング中心に変わらなければいけません。そのアプローチのスタートは、電話での訪問のアポイントかもしれません。訪問する主旨は何か、聞きたいこと（考え方）は何か、顧客に時間をとってもらうことのメリットは何か、などについて具体的に箇条書きで整理します。トークスクリプトというと、台本のようなイメージがあるかもしれません。最初は棒読みかもしれません。まずは、主旨の明確化と「伝えたいこと」のエッセンスを自分自身の中で明確にすることからスタートします。

これは商材提案ではなく、ソリューションです。コンサルティングだという意識を持って、トークスクリプトを何度も見直すと、営業トークも自然に磨かれていきます。

商談中も同じです。電話でのアポイントのようにはいきませんが、商談の大きな流れをシナリオとしてまとめてみると、スムーズに運ぶようになります。できれば、たまには録音をして、自分がどんな商談を行っているのかをチェックしてみることも大切です。

(6) 価値アップツール（標準提案書）の作成

最近は営業マンの効率化を重視したプレゼンテーションツールが充実してきており、簡単に見栄えのよい資料を作成することができます。しかし、実は盲点がここにあります。それは、容易に見栄えのよい資料を作成できるだけに、提案内容が熟慮されていない、中身の薄い資料になってしまうことです。特に提案の骨子やその背景、自社を選ぶ理由などには、しっかりとした考えがまとまっていなければいけません。この内容が希薄であると、顧客へのプレゼンテーション時に鋭い質問をされると、それがすぐに露呈してしまうケースを何度か見てきました。

元来、ソリューション営業の場合には、基本のフォームが決まっている場合がほとんどです。大まかには、「現状分析 ⇓ 課題 ⇓ 提案主旨」の3つです。この3つのテーマについて、必要な情報の収集と分析を可能な限り行い、顧客の事業方針に合致した内容に完成度を高めていくことが大切です。

見栄えに依存するのではなく、中身を何度も熟慮することによって、よい提案が生まれてくることを忘れないでください。

4　チーム営業を目指す（4つの柱 その2）

「3本の矢」という言葉があります。室町時代の戦国武将の毛利元就が3人の子供たちに、「矢1本なら1人の力で折ることができるが、3本となったときはなかなか折れない。3人が力を合わせることにより折られない（折りにくい）ようにしよう」と教えた話です。

これを営業組織にあてはめてみます。1人の営業活動は活動できる範囲の限界、個人の力に依存する限界、1人である孤独感から抜けきることはできません。

多くの営業マンは孤独で、社内の人はみんなライバル、うっかりしていると自分の大切な顧客を持っていかれてしまう、と思いこんでいます。顧客への対応よりも社内の仲間に警戒心を抱く営業マンが散見されます。

これらを解決するのがチーム営業です。大企業が数億円の商談を進める場合には必ずチームを組み、役割を明確にして営業活動をします。私もサラリーマン時代に、2人で2年がかりで約4億円の商談を受注した経験があります。1人では決して実現できなかった商談です。

誤解しないでほしいのですが、チーム営業が億円規模の仕事に向いていると言いたいわけではありません。営業マンはやがて管理職になり、部下を育成する立場になります。その頃には、これまでの経験から独自の営業ノウハウを構築しているはずです。この営業ノウハウを伝授する機会や環境をつくらなければいけません。その意味で、チーム営業が重要な役割を果たすのです。自身が持つ強みやノウハウを共有し、自身の弱みの部分を助けてもらう。営業マンがお互いによき友であり、よきライバルの関係を堅持してこそ、お互いが成長していくのです。

営業の世界は、1年単位で評価されるのが一般的です。私が勤務していた企業もお正月を迎えると今までの営業実績はゼロ（リセット）となり、ゼロからのスタートを毎年続けてきました。しかし、営業マンどうしの人間関係がゼロになることはありません。社内のメンバーとチームを組むことで、共に育つ気持ちが養われ、その気持ちが心を大きく育てます。これが営業マンとして大成する第一歩なのです。

5 マインドセット（4つの柱 その3）

「企業は人なり」

言い古された言葉かもしれませんが、改めて見直すと、この傾向はますます強くなっていると痛感します。特に法人営業において、その傾向が顕著に表れています。担当者が替わると顧客からの売上が激減する、あるいは一気に信頼が回復するなどは、日常茶飯事です。まさに「売上は営業マンに依存」しています。

この営業マン依存の中で、企業は、気持ちの整理である「マインドセット」からやる気を促すように取り組むことが重要です。センスを磨けとか、ヒアリングスキルを上げろと言っても、その必要性を認める変革の意識、もしくはその機微に触れないと意味がありません。そういう意味から、このマインドセットは非常に重要な柱になります。

(1) マインドの面から営業マンに持ってほしい視点

多忙で孤独な営業マンにとって、定期的に気持ちの整理を行うことは大切です。だれかの営業スタイルを参考にしても、それが自身の営業活動に参考になるとは限りません。最後は自分で決めなければいけないのです。そこで、その気持ちの整理をする際に営業マンに持ってほしい視点が3つあります。

① 長期的な視点と短期的な視点

営業マンは目先に受注が向いてしまうと、実績を上げることに一心不乱となり、必死にその方向に走ります。もちろん、私もその例外ではありませんでした。しかし、その際に気をつけなければいけないのは、目先の短期的な視点にとらわれるあまり、長期的な視点からの洞察を忘れてしまうことです。どんなに今が多忙でも、年間目標をどのように達成するか、5年後の目標としている営業マンとしての自分の姿、などについてのビジョンを持ち、今日の営業活動がこれからの長い営業活動の中でどんな意味があるのかを考えてください。目先の受注ばかりを追いかけないで、これからの自分を大切にした営業活動を振り返る時間をつくるように心がけてください。

② 緊急度と重要度

営業マンにとって最も重要な仕事は、1日のはじめに今日すべき仕事の緊急度と重要度を意識した行動（作業）計画を作成することです。可能であれば、1時間単位で重要度とかかる工数を見積もりながら計画します。

電話などで緊急の依頼が来た際は、その計画を見ながらその日の予定をうまく軌道修正できます。これにより、顧客からの急な依頼で1日をつぶしてしまうようなことはなくなります。

常日頃の営業活動の中で、時間泥棒はたくさんいます。緊急で対応しなければいけないことはたくさんあります。たとえば「顧客のいきなりの訪問」「商品サービスについてのクレーム」です。営業マンはこの突然の出来事に振り回され、時間をとられてしまうことはよくあります。突然の出来事が起きたとき、どうしても自分でなければできない内容なのかを瞬時に考え、ほかの人でも対応が可能であれば、その段取りをすることが大切です。

自分が1日のスタートを考えたスケジュールをどれだけ達成することができたのか？　仕事中は常に軸足がぶれないようにしてください。

③　冷静さと情熱

営業マンはどちらかというと、理論派よりも行動派が多いです。営業は気合いと根性でとにかく訪問、質より量――という考えが昔から根強く残っています。今でも朝礼の際に、1日100件訪問というエールが聞こえてきたりします。自分を鼓舞することは大切です。顧客との商談の際は、情熱を持って取り組み、心を熱くしてもらいたいものです。

しかし、1人になった際には頭を冷静にして自身の営業活動を振り返る気持ちを持ちましょう。自分の営業活動が効率的・効果的に実施できているのかを、冷静に考える時間を確保することも大切です。Warm Heart Cool Head です。

(2) 経営とマーケティングセンスの醸成

コンサルティング営業を目指す法人営業マンに「商売が好きですか?」「いつか、自分で商売をやってみたいですか?」と質問することがあります。「やってみたい」「好きです」という答えをもらうと思わず、「脈あり!」と喜んでしまいます。なぜならば、コンサルティング力のある人の共通点として、商売が好きな人が多いのです。商売が好きなら、成就しやすい傾向にあるといえます。

私は新入社員としての3ヵ月研修を終えた後、現場に配属されました。当時、会社は業種別の営業体制をとっており、私は食品担当の部署に配属されました。そこで上司から言われた最初の言葉を私は今も忘れられません。それは、「われわれの業界紙は読まなくてもいい。『食品産業新聞』と『商業界』を読んで1ヵ月後、これからの食品業界についての動向と今後の情報化のあるべき姿について、俺の前でプレゼンテーションしろ。それで合格点をとれなければ営業として外には出さない」でした。

当時私の給与体系は、月々の給与は固定給、ボーナスは売上に準じての支給でした。したがって、外に出るなということは、ボーナスがないということです。

最初、上司がなぜこのような仕打ちをするのか理解できませんでした。しかし、今になってその理由がよくわかりました。

顧客は「売り込まれる」と構えています。それに対して売り込みをしても売れません。自身の力でできるだけ顧客の環境を理解し、その考えについてしっかりとした思いがないと、営業はできない。上司の言葉には、そうした意味が込められていました。

それからの20年間、営業を通して、食品業界のことをたくさん勉強させてもらいました。物流システム、酒販店のＰＯＳシステム、食品ＥＤＩ、そして、きわめつけはスナックのＰＯＳシステムです。今でもスナックに行くと、坪数と席数、ボトルの数、そして女性の愛想のよさなどを見ながら、このお店の1日、1ヵ月の売上を想像してしまいます。

前置きが長くなりましたが、コンサルティング営業を目指すということは、顧客のビジネスにどれだけの興味を持っているかが重要な要素です。社長が創業者であれば、どんな思いで商売を始め、どんなことを大切にして商売を続け、お客から売上という通信簿で何点をもらっているのか――そうしたことに興味を持つことです。

そして、経営において重要な要素である、「顧客はだれ？」といった現状把握とともに、周囲の様子や環境の変化を肌で感じながら、臨機応変に対応していく力を養ってください。

(3) 改革を考える視点

法人営業に限らず、人は安定志向に陥りがちです。私もご多分にもれず、同様の傾向があります。仮に、絶頂期でもその時代が長く続くことはありません。ユニクロの柳井正会長兼社長の「最大の敵は過去の成功体験」という言葉は、まさに当を得ています。

人間というのは弱い動物で、今までの仕事のやり方や考え方を変えるとなると、大きな抵抗感が伴います。この抵抗感を払拭するのは、1人の力ではかなりの確率で困難（無理）であると、私は断言できます。物売り営業からソリューション営業への変革でも同様のことが言えます。自分の過去のやり方を踏襲してしまうのは、人の性です。

ぜひ、仕事の節目で自分を変える習慣をつけてほしいのです。どんなことでもかまいません。「上司の評価に動揺しない」「今の売上目標を2倍に設定して営業してみる」「自分中心ではなく、顧客目線になる」など、種々の視点から考えることができます。その考える視点を決めて、周囲の人に公言して、元に戻りそうになったら注意してくれるようにお願いをする。そういうふうに、自らを変える改革宣言をしないと、営業マンとして成長しません。

6　コンサルティング力向上に特化した人材育成（４つの柱　その４）

(1)　1年の育成期間で見る研修

私はこれまでに、大企業の法人営業研修の講師として、2～3日のコースをたくさん務めてきました。一期一会で、その場限りのご縁をいただく機会もたくさんありました。ただ、2～3日の研修では、気づきを与えることが精いっぱいで、本当に研修の成果が出ているのか否か、わかりません。

残念ながら、こうした短期研修では、コンサルティング営業を目指すという意識を持つことができても、実際の営業活動とのギャップに直面すると、すぐに元の営業スタイルに戻ってしまいます。本気でコンサルティング営業を中心とした営業組織や文化を構築していくには、最低3ヵ月、できれば1年の研修期間が必要と考えています。

研修の成果（研修生の売上実績）は、研修終了後6ヵ月～1年経ってからの営業活動内容や実績で評価するのが適切です。これについては、ある会社の11名の法人営業成績低迷者を対象に実施した研修を例に説明しましょう。

時代は、営業が物売りからソリューションへと移り変わる大きな転換期でした。彼らはそのことを理解せず、成績が低迷を続けても、ご用聞き営業しかしませんでした。研修では彼らに、その意味を理解してもらうために、個別面談や同行研修を通じて、その意味や必要性を訴え続けました。その結果、翌年は9名が前年対比60％増の売上を達成することができました。短期間の研修と短期間の評価では、決して出てこない数字です。

(2) 自分で気づくように意識させる研修

研修期間中、営業マンが「できない」と嘆きます。彼らの伸長度が弱いとしても、その意をしっかりと汲み上げ、「なぜ、今コンサルティング営業が必要と考えるのか？」と常に自問させ、その中から自分を鼓舞する要素を意識させます。

なかには営業研修で、「気合い」でやる気を促すものもありますが、頭ごなしに叱咤してもその場限りの繕いで、営業マンの心には届きません。私は、今の自分のいる位置を認識させ、そして、営業マンは自らの課題を明確に認識し、彼らの課題を自ら深掘りする中から、やる気の源泉が湧き出てくると信じています。

自分で気づき、自分で行動を変える。そういう発想を持たせるようにしなければ、意味がありません。

(3) 独特の研修プログラム

法人向けの営業力強化研修は世の中にたくさんあります。営業戦略の立案支援やソリューション力向上、ヒアリング力の向上などさまざまです。ただ、営業マンがコンサルティング力を上げるためには、商品知識の習得も大切にしつつ、それ以上に経営センスや時代の流れを読み取る力が必要です。それには、常日頃からアンテナを張って情報を収集することが最も大切で、研修で学ぶことではありません。

スキルも同様です。特にヒアリングスキルなどは、顧客との商談の中から育成されてきます。ただ、その育成のレベルがどの段階にあるのかを研修を通じて確認することは大切です。加えて、表面的な話法だけではなく、気持ちの面でいかに前向きなモチベーションを保っていくことができるかも大切な要因です。そのためには1年という期間、常に気づきを与えてくれる環境、そしてセンス・スキル面から見た自身の明確な伸びしろを意識する内容を持った研修プログラムが必要です。

次章では、コンサルティング営業を目指す人に求められる要素を見ていきます。

【第3章】

コンサルティング営業に向けた人材育成

法人営業マンにコンサルティング力をつけてもらうため、特化して取り組んでいきたい人材育成の内容は次の4つです。

① 常日頃から意識してほしい「コンサルティングセンス」
② ヒアリングを中心とした「スキルアップ」
③ 営業マンに側面から寄り添う「メンタリング」
④ そしてやる気の源である「ミッションサーチ」

この章では、経営者が営業マンの育成を通じて意識してほしいこの4つの要素について説明していきます。企業の文化や社長の事業方針によってその対応方法は大きく変わりますが、この4つをしっかりと押さえることにより、付加価値の高い営業マンに成長します。

営業マンは、もしコンサルティング力を生かした営業活動を今後心がけていきたいとするならば、4つの要素の中で「自分に最も欠けているものは何か?」を自問しながら、読んでみてください。それを繰り返していくうちに、これからの伸びしろが明確になってきます。

1　コンサルティングセンス

(1)　センスは環境がつくるもの

あなたには、どんなセンスがありますか？

文学的センスがある、バッティングセンスがいい、私はいつもセンスの悪い服装ですいません——と、常日頃から使う馴染みのある言葉です。センスとは、ある事象に対して物事の感じ方や感性がある場合に使われる日常用語です。一見、持って生まれた能力のような響きがありますが、営業マンに環境を用意すれば、センスは向上すると私は断言しています。

先日、某社の社長就任パーティに参加する機会がありました。彼は学生時代からの友人で、どちらかというと成績は悪く、いたずらばかりしていました。大学受験に苦労し、結婚も比較的遅かったと思います。彼はこの会社の社長の長男なので、後継者となりました。

出席者は皆、新社長に「おめでとうございます」と、祝福の言葉を述べていました。しかし、周囲の人たちだけの会話では、「ドラ息子のあいつに務まるのかな」「だいじょうぶかな」「親の七光りはいいな〜」と、陰口をたたかれるものです。

彼はその雰囲気をなんとなく感じていたようで、その後、反骨精神で仕事に取り組み、1年も経つと彼は目の輝きが変わり、しっかりと社長業をこなす雄姿を見せていました。

サラリーマン時代にも私は同じような経験をしました。今まで部下数人だった営業課長が、いきなり4つの部署を担当し、20数名の部下を持つ部長に昇進しました。彼が一回り大きなスケール感で次々に部下に指示を出す姿を見て、環境が人を育てるというのは本当だとつくづく感じました。

そもそも、私自身が「環境が人をつくる」ということを実体験しました。私は工学部物理学科の出身で、学生時代は営業という仕事に全く関心がありませんでした。目指すはSEだったはずなのに、会社で20年間営業の仕事を続け、独立後も営業に関わる仕事を続けています。そうしてこられたのは、最初に入社したコンピュータメーカーで、自分の持ち味を大切にしながら営業力とコンサルティングセンスを磨く環境が与えられたからです。このことは、本当に感謝しています。

(2) 変革に向けてのセンスの育成

私は過去の経験から、経営者が営業マンにコンサルティングセンスを磨かせ育成したいという意思があれば、営業マンは変わることができると信じています。事実、私はこうした経営者から依頼を受け、何人もの営業マンを物売りからコンサルティングのできる営業マンに脱皮させ、生産性を向上させてきました。

たとえば、営業マンの売上目標を、会社が示した目標の2倍に設定させます。「そんな無茶な話」と思うかもしれませんが、変革にはこのくらいダイナミックな発想が求められるのです。この指示に真剣に取り組むと、営業マンは今までの仕事のやり方を変えないと達成できないことに気づき、やり方を変える際にどんな発想を取り入れ、どんなセンスを磨いていくべきなのかに気づくのです。すると、今後の売上増が期待できない顧客への訪問回数や訪問時間を半分に減らし、他の営業活動への時間に充てるなど、自発的に行動を変えていきます。

既存の営業スタイルの中で残すものと捨てるものを明確にして、まずは挑戦してみる気持ちが大切です。そして、その意思を周囲に伝えるのです。すると、自身へのプレッシャーにもなり、日々の営業活動にも新たな緊張感が生まれてきます。

(3)　完璧を求めない

過去数千人の営業マンと接してきましたが、営業マンには比較的まじめな方が多いです。しかし、営業という職種に限っていうと、必ずしもまじめできっちりとしたタイプがいいとは思っていません。

表現はよくありませんが、営業マンは多少いいかげんなほうが、いい方向に働く場合があります。1つひとつをきっちりと丁寧に考え、完璧な答えを出そうとすると、途中で頓挫してしまいます。与えられた宿題に対して、100点を目指すのではなく、60点くらいで、「こんなものかな」というういいかげんさも大切です。センスとは、この残り40点をどうカバーするかを、営業活動の中で状況に応じて考えていくことから育ってくるのです。

元来、宿題というのは時が経てば経つほど、相手は完璧な内容を求めてきます。なかには突貫工事のような無茶な要望もあります。営業マンはそれを抱え込まずに、「自分では60点ですが……」と言いながら、早い段階でそれを相手に見てもらうのです。そうすれば、進捗状況や方向性をお互いに確認できると同時に、新たな要望があればその場で聞くこともできます。これによって、やってくれているという安心感が顧客に芽生えます。

残り40点は、相手と宿題の内容を話しながら埋めていきます。自分が60点と思っていても、相手は80点と思ってくれるかもしれません。そうすると、残りの宿題が少なくなります。逆に、相手が40点だと思った場合は、20点分の減点の内容をその場で把握し、埋めていくのです。この埋める過程でセンスを養っていくようにします。

商談という過程では、この繰り返しにより、相手の求める期待レベルがわかるようになり、センスが磨かれていきます。

(4) 情報収集のセンス向上

完璧を求めない意識を高めていくための有効な方法の1つに、「いい意味で無駄をつくる」ことがあります。それは、「遊びの時間」をつくることです。時流を感じるために、目的を持たずに街に出る環境をつくるのです。

たとえば、毎日書店に行き、ベストセラーの本をジャンル問わずに眺めてみましょう。書店では出版社が買ってほしい本を平積みにしており、ＰＯＰなどで誘惑をしてきます。今、どんな本がはやっているのか、どんな言葉で目を引こうとしているのか、だれがどんな本を取って見ているのか、を観察してみましょう。書店に行く時間がないのであれば、コンビニの雑誌コーナーでもかまいません。どうしてこんな本がこの時期にここにあるのか、本棚の前で悩んでみてください。この疑問に答えを求める遊びの中から、時流を感じるセンスが養われてきます。

もう1つお薦めの遊びの時間は、スマートフォン・タブレットから離れてみることです。最近、駅でよく「歩きスマホをやめましょう」というポスターを見かけます。確かに、駅や車内など、いたる所でスマートフォンをいじる人が増えました。スマートフォンは、自分の世界に籠ってしまい、周囲のようすが見えなくなってしまいます。

このスマートフォンから離れる時間をつくってみませんか? そうすると、周囲の雰囲気を感じることができるようになります。季節感でもいいですし、人ごみ感でもかまいません。**大切なことは、自分から情報を求めるのではなく、周囲の空気から自分の存在を感じる、その感覚を養うことです。これはコンサルティングのセンスを向上させるための、身近な方法です。**

センスとは、人が生まれ持ったものとよくいわれます。しかし、自身が今までと異なる環境の中に飛び込み、社会の中から求められるセンスを意識すると、磨かれていきます。

2 スキルアップ

2つめは法人営業としてのスキルアップです。センスが常日頃の営業活動をふり返る発想の転換とすれば、スキルアップは種々のビジネス場面における「技」です。コンサルティング営業に求められる技は、大きく、①情報収集力、②コミュニケーション、③ヒアリング力――の

３つにまとめられます。

(1) スキルアップに向けた3つの要素

自社の商品や業界の動向、競合他社の情報など、さまざまな情報がインターネットを通じて容易に入手できます。入手した情報が、これからの営業活動にどの程度重要であるのかを判断するのはセンスです。

一方、スキルとは、入手した情報を自身の営業活動のために、有意な情報に変換する技術や活用する方策のことです。主に３つの要素があります。

① 情報を加工する力（情報収集力）

情報収集はインターネットで容易になりました。これを営業活動に役立てるためには、有用な情報とそうでないものを取捨選択し、選びだした情報を発散したり収束させたりして、顧客にとって有意性のある内容にブラッシュアップしていかなければいけません。このスキルが情報を加工する力です。

今は情報過多の時代です。自身のセンスを生かした顧客視点の情報提供力が営業マンの差別化になるといっても過言ではありません。

② コミュニケーション力

次にコミュニケーション力です。これにはさまざまな内容がありますが、コンサルティング営業という視点から見た場合、顧客との商談や社内での打合せのクロージングの場面でその効果が見えてくるスキルです。「顧客からどのような宿題をもらえたか」「当初目標としていた商談のステップを達成できたか」「部内・課内での営業マンの統一した意識高揚が図れたか」など、その結果があなたのコミュニケーション力に対する評価なのです。

ある会社で、コンサルティングのガイドラインを設定した際、商談内容のクロージングについての評価指標を作成しました。この会社では、商談の最後にどのような約束ができたのかが重要な内容で、これを「契り力」と呼び、その意識を高めていきました。終わりよければすべて良し。顧客との商談の最後に、どんな宿題をいつまでに、どんな形で持参するか——ここをしっかりと確認し期待させる力こそ、究極のコミュニーション力だという認識でした。

③ ヒアリング力

コンサルティング営業を目指す際、3つのスキルの中で最も重要な要素です。現状を聞く力、問題から課題へ導く話法、顧客からの反対意見に対する質問話法、SPIN[1]に代表される聴く技術を磨くことが、コンサルティング営業において避けて通れない登竜門です。情報収集した内容から種々の不要となる情報を排除し、商談時のコミュニケーションから得た情報と合わせて、どれだけ本質に近づける質問や傾聴を行う能力を高めることができたかを意味しています。ここでは、この内容を中心にさらに踏み込んでみます。

(2) 自身のヒアリング力をチェックする

商談の前にまず気持ちの整理

皆さんは商談時に、顧客からどのようなヒアリングをしているのか、チェックしたことがありますか？

私は、法人営業のスキル向上のための資格制度の設計や試験官をした経験があります。その制度は、時代の変化とともに内容を変えながら7年間支援しました。その間、延べ3000人以上の法人営業マンの性格やタイプ、そして常日頃の活動内容を聞きながらアドバイスを行っ

1　SPIN：ニール・ラッカム氏によって提唱された質問話法。4つの質問（状況質問、問題質問、示唆質問、解決質問）を通じて、顧客のニーズに応えていく手法。

てきました。

アドバイス内容は、ヒアリングの方法が中心となります。具体的には、「潜在意識の顕在化」「話の深掘りの仕方」「課題の明確化」です。

試験となるロールプレイングにおいて、顧客役である私の話を一言一句もらさず真剣に聴く意識は非常に高いのですが、失礼ながらピントがずれている営業マンもたくさん見てきました。最もよくないのが、法人営業マンの意識として、顧客の話を「お伺いさせていただく」「お時間をいただく」ことの大切さやありがたさを感じていないことです。商談の内容以前に、気持ちの整理ができていない方が多いと感じています。

スキルと試験の関係

法人営業でのスキルチェックの試験を支援していた際、営業マンからよく言われた言葉があります。それは、「試験は試験、現場は現場」です。これはある意味、理解できます。なぜならば、日本の大学入試がその典型だからです。学問への志があるとか、大学で学ぶ意義を見出したから受験するわけではなく、とにかく合格して大学に入る。それが多くの受験生の目的ではないでしょうか。

しかし、営業の現場に限定すると、このようなことはあり得ません。なぜならば、こうした試験は、合格することを目的に受けるのではなく、業務を遂行するうえで必要な知識やスキルが身についているか否かを確認するため、あるいは、営業マンとしての成長を促すために受けるものだからです。

試験では、これまで培ってきたスキルを確認し、できていない内容については謙虚に耳を傾けて改善する。そうでなければ、通り一辺倒で味気ない、合格のための試験対策になってしまい、受験の成果が得られません。

合格という結果は、これからの営業活動の自信につながります。周囲からの評価も高くなります。この自信の根拠は何か、評価は何に対して与えられているのか、そのことを考えてください。それは、単なる物売りではない、顧客企業の経営に役に立つことのできる営業マンとしての自信であり、会社はそうした成果を出せるという期待感で評価しているのです。その自信と評価が本物であるかどうかは、受験を通してあなたが成長したかどうか、あるいは何を得たかで決まるのです。

(3) スキルアップの留意点

ヒアリングスキルの向上は、コンサルティング力には欠かすことのできない能力です。私自身についてもまだ、完璧だとは思っていません。しかし、現場の営業マンの中には、「自分はできている」と甘く見ている人が多いのです。

たくさんの営業マンを見てきて感じることは、優秀な営業マンほど人の意見に耳を傾けることです。この段階で、この営業マンがすでにヒアリングをする姿勢を持っているか否かがわかります。私を含めた周囲の方の意見に耳を傾け、納得した内容についてメモ書きをし、さっそく行動に移そうとしてくれます。

人間は知らぬ間に「我」が強くなり、年齢とともに「頑固」になっていきます。頑固になると、周囲の人の意見を聞かなくなる傾向があります。「こだわり」はかまいませんが、「我」にならないように注意しなければいけません。**法人営業のスキルアップの留意点は、この「我」が強くならないようにすることです。**

3 メンタリング

(1) メンタリングとは

メンタリングとは、人の育成・指導方法の1つです。組織内にありがちな指示・命令によらず、メンター（側面）と呼ばれる人が対話による気づきと助言により、営業マンの自発的・自律的な活動を促す手法です。語源は古く、古代ギリシアのホメロスのオデュッセイアに登場するメントールという名前からきています。

大企業には、このメンタリングの制度を導入している企業がたくさんあります。中小企業では、まだまだこれからといった感があります。

残念ながら、経営者や営業マネジャーはたいてい、その実績だけを見て営業マンを評価しています。これは、営業マンを売上を上げてもらう駒としか見ていないということです。

上司は部下の成長を願うのであれば、営業成績だけではなく、彼らの環境（たとえば、本人の出身地と生まれ育った環境、家族構成、学生時代に夢中になったスポーツ・趣味・教養、仕事を始めてから現在に至るまで）を把握したうえでの指導・支援が必須です。

もちろん、公私混同という意味ではありません。あくまでも育成という視点から彼らのバックグラウンドを理解することが目的です。しかし、その指導内容は「うまく機能していない、もしくは当を得たものが少ない」と認識しています。その理由はいくつかあります。

まず、会社には上司・部下の関係があるので、上司のほうが偉いというテコが働きます。しかし、現実には年配の上司であればあるほど、時代の流れの速さについていけない人がたくさんいます。すなわち、**上司が常に正しく部下が未熟である、という考えが成り立たないのです。**

もう1つの理由は、人材育成は原則、企業の都合であるということです。企業は、社員の育成に向けて、組織として体系立った育成マップを作成して、営業個々の能力を判定し、全体のバランスを見ています。しかし、これはあくまでも企業側の都合で考えているので、営業マン個人の育成課題と合致しているとは限りません。

ここは営業マン自らが、側面から助言をしてくれる人を求めることです。できれば、社外に求めてください。理由は簡単、社内ではすでに色めがねで見られているからです。社外の人に側面から気づきを与えてもらうことにより、本人そして会社にとってプラスになる環境をつくることです。

やみくもに働くのではなく、どこかで振り返って自分の営業活動を見直し、今後の伸びしろを確認し、次の目標を立てる。目標の高さは自分にとって飛べる高さなのか？　飛ぶ方向は間違っていないのか？　しっかりと見きわめる助言をする人の存在が、営業マンの育成には必要です。

それには、上司・部下の関係を越えて人と人の関係をつくり、自身の成長に向けてどこに自身の育成の芽があるのかを、営業マンに気づいてもらうことです。その**気づきのボタン、つまり、動機づけとなるやる気のスイッチを探すことが大切です。**

1人のサラリーマン（営業マン）としてよりも、社会人として、人として世の中から期待される人物になるためには、どのような意識が本人に求められているのか？　このボタンの位置を明確にし、育成していくことが企業を成長させる肝になっていきます。

この育成のボタンを明確にしてくれる気づきは、メンタリングを通じて醸成していきます。

(2) コンサルティング営業とメンタリング

コンサルティング営業とメンタリングの考え方には、どのような関係があるのかを見ていきます。

営業マンがコンサルティング営業を意識した活動を行っていく際に、センスやスキルをどんなに磨いても、うまくいかないケースを私は何度か見てきました。たとえば、研修や面談の際に「ヒアリングでは相手の話を聞きましょう」といくら言っても、現場に戻ると、日々の業務に追われて、忘れてしまうのです。

営業マンを支援する際の[2]コメントに、センスともスキルとも言いきれない内容になるケースがあります。たとえば、センスとスキルを統合したような、気づきを与えるアドバイスです。これを、ある営業マンとの同行営業を例に説明しましょう。

彼は私に「コンサルティング営業を目指す！」と宣言して、商談に臨みました。やる気は十分、伝わってきました。商談の席では、相手の話に耳を傾ける姿勢が感じられます。しかし、明らかな改善点が1つありました。まるで機関銃のような早口で話すのです。これでは、伝えたいことが相手にきちんと伝わりません。商談の後、私が出した彼へのコメントは「ゆっくり話す」でした。

6ヵ月後、私はフォローのために彼と再会しました。そのときの彼へのコメントは、「もっと、ゆっくり話す」でした。マシンガントークが全く改善されていなかったのです。なぜでしょうか？

話すスピードが課題なので、一見したところ「スキル」の問題のように見受けられます。しかし、これは「センス」の要素が強いのです。たとえば、自分の話すスピードや口調を相手がどう感じているのかを感じ取るセンス、相手が聞きやすいスピードを感じ取るセンスなどです。

「ゆっくり話す」

一見、たわいのない助言にも思えますが、言い続けることで、彼の営業内容が変わっていきました。

メンタリングでは、寄り添うからこそ、気づきがあるのです。そして、それはセンスとスキルを一緒にしたような内容になっていきます。

(3)　メンタリングを通じて変身させるツボ

法人営業マンにはさまざまなタイプがあります。顧客の状況を何も聞かずにただ与えられた商品やサービスを提案するだけのカチコチ営業マン、営業活動の移動中に本人の大好きなロックを聞く仕事の意識希薄営業マン、商談ではどのようなタイプの顧客を相手にしてもずれるピ

2　私はこの言葉を「キーノート」と呼んでいます。キーノートは、センス、スキル、メンタリング、ミッションサーチのいずれかに含まれた内容で、彼らに理解しやすい言葉として表現します。また、仕事に取り組む際、まず意識してほしい点という意味も含めています。本項の「ゆっくり話す」「もっとゆっくり話す」がキーノートの具体例です。

ンボケ営業マン、ずれるくらいならまだしも、返事だけは最高ですが、実はまったくやる気のない空蝉営業マン——などなどです。

私はこのような千差万別の彼らと真摯に向き合いながら、コンサルティングのできる営業マンに変えてきました。もちろん、１００％とは言えませんが、彼らのキャリア・性格・やる気などを客観的に洞察する中で、この変えるツボがどこにあるのか、メンタリングを通じて伝えてきました。

変えることができた理由を一言でいうと、「自分がホッとするツボ」に気づかせることです。何気ない表現ではありますが、営業マンに限らず人は、「仕事の中で、何が最も気持ちよくなる環境なのか」「本人が一番幸せを感じるときは何であるか」が見えていません。この点にフォーカスしてそのツボを明確にしてあげるのです。

たとえば、いつもは愚痴ばかりを言っている妻がいるとします。夫は毎日妻の愚痴を聞かされて妻との生活に辟易しているかもしれません。しかし、もう一歩踏み込んで考えさせると、実は妻に頼りにされていて、愚痴を通じた寄り添いにホッとした幸せ感が夫の中に潜んでいるかもしれないのです。もちろん、一歩踏み込んだら「離婚だ！」となるかもしれません。しかし、もう一歩踏み込む、さらにもう一歩踏み込んで考える環境を提供することが大切なのです。そして、本人は、そこにホッとするツボがあることに気づくのです。

長年の営業経験と側面からの支援経験から、営業マンがコンサルティング営業として育ったためのツボが、なんとなく感覚的にわかるようになってきました。

そのツボはどうすればわかるのか？　それは外部の者が客観的にメンタリングを通じて判断します。センスやスキルといった表面的なアドバイスだけで人は動きません。熟練の営業マンであれ、新人の営業マンであれ、どこのツボを押すと機微に触れるのかを判断するのです。

営業マンの変革のあり方は十人十色です。「ホットするツボ」を明確にすると、売上を通じて会社に貢献してくれる営業マンになってくれるのです。

4　ミッションサーチ

(1)　ミッションサーチとは

この言葉は私がつくった造語です。メンタリングは、センスでもスキルでもない、もう一歩踏み込んだ中でのやる気の源泉を探すための手法です。ミッションサーチとは、それをさらにもう一歩踏み込んで考えていただきたい、という意味を持たせています。その意味とは、「ご自身がこの世に生まれてきた使命は何なのか？　を考えてみよう」です。

私の個人的な意見ですが、日本は本当に恵まれた国だと思います。創業支援の仕事をしていたとき、会社をリストラされた方と話をする機会がたくさんありました。彼らは口癖のように、「飯を食うために働かなければ」と言います。しかし、日本という国は社会保障が充実していて、低賃金で働くよりも生活保護を受けたほうが収入が安定した生活ができるといわれています。これに対してインドでは、数千万人の子供が今日の食べ物がなく、命がけで信号停止の車の窓を拭いたり、新聞を販売して生計を立てているのです。

五体満足で、今日の食事に困ることがないのであれば、これ以上の自我の欲はないかもしれません。今一度、「自分が生まれてきた意味や本当の使命は何なのか？」を自問していただきたいです。それは、第三者に聞かれて初めて自身が考え、答えることができるのかもしれません。

(2)「生きること」「働くこと」の意味

同行営業研修の際、私がほぼ必ず営業マンに尋ねることがあります。それは、「○○さん、どんな営業マンになりたいですか？」です。この質問をすると、ほとんどの営業マンがキョトンとした顔をします。質問の意味を理解したうえでの即答はありません。たまに即答してくれる人がいても、こんな感じです。

「そりゃ～、売れる営業マンになりたいです」

「そんなん、あたりまえやん！　売れない営業マンを目指す人がいますか？（関西弁たっぷりで）」

と、私も負けずに即答します。

しばらくして返ってくる答えは、「顧客に信頼される営業マン！」です。私はすかさず、質問で返します。

「では、顧客に信頼されるために、どんなことに取り組んでいるのですか？」

ほとんどの営業マンが、ここで沈黙してしまいます。要するに、数字としての目標意識はあるのですが、営業マンとして「こんな人になりたい」とか「こんなことを大切にしたい」といった具体的なイメージや行動観がないのです。

私が同行営業をはじめとした研修支援の際には、必ずこのレベルまで質問を繰り返して、やる気の源泉を探し求めるようにしています。

言い換えれば、これと同じ質問を顧客にしてほしいという意味も込めているのですが、そこまでの洞察ができる営業マンにはなかなか出会えません。

いくらうわべでセンスだけを磨いても、ヒアリングスキルはこうやって身につけろと口をすっぱくして言っても、本人にその気がなければ全く意味がありません。そのようにならないようにするためにも、まずは本人の仕事への取組みスタンスや、やる気の源泉がどこにあるのかを確認するようにしています。

(3) やる気を彷彿させる根源

私は、初対面の営業マンにも平気で、「結婚してる?」「法人営業っておもしろい?」「子供できた?」「明日死ぬとしたら何したい?」と、単刀直入に、しかもさらっと聞いています。女性の場合には、それなりのマナーとプライバシーを守るように心がけたうえで、聞くようにしています。

仕事とは全く関係のない、プライバシーにかかわる話のように思われるかもしれません。ですから、あくまでも、「差し支えなければ教えて」という大前提つきです。それでも、ほとんどの営業マンが心を開いて、どんなことでも気さくに話してくれます。もちろん、「今までそんなこと聞かれたことがない」と一瞬突き放されることがありますが、すぐに自然な会話に戻ります。

人は、「第三者から質問されて初めて考える」ということがよくあります。質問された営業マンは自身を振り返り、はじめて気がついてくれる場合が多いです。このような質問をして、いやな顔をされたことはありません。むしろ、相手は質問にどのような意図があるのかを知りたがり、私がその思いを伝えることで共感を得て、今でもご縁が続いている方がたくさんいます。

側面からどれだけ本人のこれからの人生に対して応援できるのか。そういった姿勢を見せて寄り添い、上司・部下の関係を超えた、人と人としての大切な伸びしろをつくっていく接点が、このミッションサーチだと考えています。経営者もしくは営業マネジャーは、彼らにキャリアを意識させるための行動が必要です。

営業マンは、自身のキャリアアップを考える機会を持たなければいけません。若い営業マンであれば仕方がないですが、キャリア3年以上の人は「自分のなりたい姿」を持ってください。そして、「転職の際には、今の年収の1・5倍になるオファーをもらいたい！」といった、野望を持ってほしいのです。その野望に火をつけるのがミッションサーチです。

【第4章】コンサルティングセンスを磨く

この章では、コンサルティング営業を目指す営業マンに求められるセンス向上に向けて、具体的な事例を交えて紹介していきます。実際の営業活動のイメージでまとめています。

1 訪問準備でのセンス

(1) 訪問準備で磨くセンス力

皆さんは、訪問前の準備にどのくらいの手間をかけていますか？ 緊張する初回の飛び込み訪問、顧客からの問合せに対する訪問、徹夜で作成した提案書持参の訪問、受注を目指した勝負の訪問等、訪問の主旨によって大きく異なってくると思いますが、まず顧客を知る訪問準備でのポイントについて考えてみます。ここでは、「上場企業など大企業への引き継ぎ訪問」と「中小企業への定期訪問」の2つのケースを中心にまとめてみます。

大企業の場合

上場会社や店頭公開企業には、有価証券報告書もしくはそれに準ずる情報がインターネット上にあります。初回訪問時、準備時間の関係ですべての訪問先が無理だとしても、重要な訪問先の場合はこの報告書の中で必見の項目が2つあります。

①「事業方針」は必読

1つは、本年度の事業方針が書かれているページです。できれば、このページだけを印刷して精読してください。どんな事業にこれから力を入れていく予定なのか、今期の業績予想はどうなのかなどを読み取ることができます。

その内容から、面談者に具体的な内容についてのヒアリング準備をしてみます。初対面なので、どこまで踏み込んだ話ができるかわかりません。ただ、商談の入り口として、たとえば、「御社の○○期の報告書をインターネットで読ませていただきました。今期の期待する○○事業では上期は大幅減収、△△事業が後期の増収で持ち直されそうですね。すばらしいですね」と、報告書の内容に、自分の意見や感想を加えてください。

面談者が「おや、今度の担当者は、うちの事業内容をよく理解してくれているな」と思い、顧客との関係がより身近なものになっていきます。営業は、初対面でいかに相手に好印象を残せるか、という意識を持つようにしてください。

②「役員経歴」も必読

2つめは、役員経歴の欄です。社長と面談するとした場合を想定してみます。大切なことは、その社長が歩んできた「畑」を正しく理解することです。

畑とは、入社から今日までの経歴のことです。その歩みを掌握するのです。畑には大きく分けて、営業、技術、管理の3つがあります。社長が会社のリーダーとしてどのようなかじ取りを行っていくのか、どのように個々の部署に指示を出しているのか、出している役員はだれなのかなど、組織における指示命令系統を事前に意識していくと、企業イメージが大きく湧いてきます。

会社の代表が替わると、会社の雰囲気も変わります。役員が替わるタイミングは非常に重要です。コンサルティング営業が、企業でどこまで発揮できるのか、大きな節目にもなってきます。面談者にはどの程度権限を与えられているのか、先ほどの事業概要の話に対してどのような反応をするのかを伺いながら、面談者の社内における力や方針の浸透度を測り、企業文化を把握するようにしていきましょう。社長の歩んできた畑がその会社の企業文化を表していきます。

中小企業の場合

次に中小企業の場合を考えてみます。中小企業の場合には、大企業のように業績をインターネットでは公表していません。業績を把握することはできませんが、次の3つの情報を把握するようにしてください。

①　事業内容

まず、訪問先が「何屋さんか」を把握します。最初にホームページ上の事業概要を見て、収益が上がっている主な事業を確認します。ただし、ホームページに書かれている事業内容では業績がわからないので、ここは仮説が必要になってきます。

とはいえ、私は過去に何度も、この仮説をはずしています。たとえば、岩手県の山中にある道の駅での仕事を受けたときがそうでした。私は小売・物販だとばかり思っていたら、実は近隣に水の精製工場を持ち、中国への通販に力を入れていました。小売というよりも、メーカー色の強い業種に変わろうとしていました。

こんなこともありました。「○○製作所」という社名の会社を訪問したときのことです。製作所なので、メーカーだと思っていました。ところが、担当者から事業概要を聞くと、実は下請けを活用した商社機能のほうが強いことがわかりました。このような例はいくつもあります。どうか、会社の名称だけで何屋さんかを判断しないようにしてください。

②　従業員数

次に従業員数を確認します。ホームページに掲載されていますが、従業員数は正社員数だけだったり、契約社員を含んでいたり、場合によっては人材派遣会社からの社員を含んでいるなど、表現が統一されていません。これも実態は面談者に聞いてみないとわかりません。

何屋さん（特に業種）と従業員数から、おおよその企業規模を把握する感性を磨くようにしてください。

③　訪問先企業の顧客

最後は、訪問先の会社が誰を顧客にしているかです。これもホームページ上に主要取引先として書かれている場合があります。訪問先の顧客を理解することは、訪問先の事業モデルを把握することにつながっていきます。

たとえば、建設業であれば、顧客が官公庁主体なのか、もしくは大手ゼネコンの下請けなのかなどによって、事業モデルは大きく異なっています。官公庁であれば、仕事の受託できる範囲が決まっていたり、入札への対応などが事業の継続に大きな意味を持っています。ゼネコンの下請けの建設業の場合は、訪問先にしかできない技術力を蓄積して、脱下請けを目指しているケースもあります。訪問先がどんな顧客から収益を上げているのかを把握することは、ビジネスモデルを理解するきっかけになります。

(2) 訪問の目的・目標意識の向上

営業活動に向けた訪問準備ができたら、次は、訪問の目的と目標について考えます。「何のための訪問なのか？」「何が達成できれば、今日の訪問は合格なのか？」を意識するのです。

ところが、営業マンには、この目的・目標意識が欠如しています。

これは、営業マンのEさんと訪問先へ向かう車中での会話です。

大　森　今日は○○社にどういう目的で訪問するのですか？
Eさん　定期訪問です。
大　森　定期訪問……。顧客と何をお話しするのですか？
Eさん　新しいパンフレットの持参が主な目的で、ほかにはありません。
大　森　△△さん、あなたは今、上司から、これからはコンサルティング営業を目指してほしいと期待されていますよね。そのために、訪問先に対して、これから具体的にどう取り組むのか考えたことがありますか。

Eさん　ありますけど、どうすればいいかわかりません。

大　森　わからないでは、従来どおりのパンフレットを置いて帰ってくる、郵便屋さんのような営業を超えることはできないのではないですか？

Eさん　……。

大　森　よし、今日は、「従来のパンフレット持参に依存した営業をやめて、ソリューションを目指す営業活動をします！」と、お客さんの前で宣言しましょう。そして、そのソリューションに向けてまず、顧客の現状について、謙虚な気持ちで、いろいろとお話を伺わせていただくことを、今日の目的にしましょう。

Eさん　わかりました。

大　森　では、目標はどこに置きますか？

Eさん　目標？　目的も目標も同じじゃないんですか？

大　森　違いますよ。目標は、顧客から出てきたときにどんなことが達成できていれば合格か？　今日、何を達成するかを決めませんか？

Eさん　言っている意味がよくわかりません。

大　森　目標ですよ、目標！　たとえば、先方の担当者があなたに次のことをしてくださったら、目標が達成できたことにしましょうか？　①パンフレット持参の営業をやめて、ソリューション営業をする意義を理解してくださる、②それを踏まえて、今の顧客の現状についての概要をお話ししてくださる、③先方が抱える悩みや問題の解決について宿題を出してくださる——こんなイメージです。

Eさん　（わからないようなキョトンした顔をして）わかりました……。

このように、目的・目標意識を持たずに、ただ会社から与えられたパンフレットや資料を持参する営業マンが多いのは、残念なことです。何のために会社はお金をかけて、営業マンに訪問してもらうのでしょうか。その意図をもっと考えてほしいものです。

(3)　顧客への興味と面談者を好きになる意識を持つ

営業マンと一緒にいると、時々、寂しく感じることがあります。それは、顧客や面談する方への興味のなさです。営業マンにとって、顧客は「メシの種」のはずなのですが、驚くほどの無頓着さに、私は落胆を隠せません。まずは、センスを磨く気持ちで顧客に興味を持ち、面談者を好きになることが大切です。

営業マンも人間ですから、好き嫌いの感情があって当然です。契約をしてくれた顧客は好き、失注する顧客はいや、断り続ける顧客とは会いたくない――というのは、当然の心理です。その結果、優しく応対してくれる面談者を訪問してしまいがちです。

これはよくないことです。顧客が断り続けるには、何か理由があるはずです。その理由がある限り、営業マンがいくら頑張っても受注できないことがあります。たとえば、顧客の取引先の関係で、どうしても特定の会社としか取引できない、というのはよくある話です。

しかし、プロの営業マンである以上、どんな面談者であってもよいところを見つけて、その顧客に興味を持つ努力は大切です。そして、断られる理由が明確にわかったときに、そこは割り切って、可能性のある相手に興味を移すのです。

あなたが顧客を好きにならなくて、顧客があなたを好きになってくれるはずがありません。顧客に興味を持ち、面談者を好きになる。営業のセンスを磨く第一歩はここかもしれません。

2 訪問・商談前後のセンス

(1) 受付前に磨くセンス力

飛び込みであれ、ルートセールスであれ、「こんにちは、○○です」と顧客の門をたたいたとき、あなたはどんなところにアンテナを張っていますか？

初回訪問の際は、どんな会社なのかと、少し緊張した訪問になります。一方、何度も訪問したことのある企業の場合は、気心知れた訪問になります。ですが、そんなメンタルはさておき、会社訪問時に、必ず観察してほしいポイントがいくつかあります。

初回訪問の際は、受付に行く前にまず、会社の周囲を歩いてみましょう。たとえば、立地環境を見て回ります。工業団地の中にある場合は、ご近所には地元の中堅中小企業が多いはずです。ということは、行政の企業立地支援を受けて移転してきた可能性が高いですね。そうであれば、「いつごろ、ここに移ってこられたのかなぁ～」という疑問が湧いてきます。時期が古ければ古いほど、この地での事業に落ち着き感があるということです。

次に会社の駐車場や倉庫の様子を見ます。「けっこう倉庫は広いな～」「どんな商品を置いているんだろう?」「在庫って、どのくらいの金額になるのだろう」と関心を持ちながら、怪しまれないところまで近づき、その様子を体感するようにします。仮に、会社の方から「どなたですか?」と声をかけられたら、「○○です。お世話になります。事務所にお邪魔する前に、どんな商品を取り扱っておられるのかを見たくなりまして。お仕事の手を止めてすみません」と言って会釈をすれば、いやな顔をされることはありません。

私が同行した営業マンの中には受付に一直線の方もいましたが、営業マンが何のために時間と費用をかけて顧客を訪問しているのか、その意味を考えてください。

(2) 受付と応接室で磨くセンス力

次に受付を見ます。玄関には、この企業のサンプル商品が飾ってあったり、壁にISO9000やISO14000取得のメッセージプレートを掲げていたりします。最近は個人情報保護の一環で、入口での厳格なチェックをしている企業も増えました。その場合、プライバシーマークの認定証が壁に掲げてあったりします。これだけでも、「この会社は、管理がしっかりした会社なのだ」と意識することができます。

次に応接室です。多くの会社は感謝状、歴代社長の写真、著名人が訪問した際の記念写真などを掲載しています。面談者が来るまで、これらをしっかりと見てアイスブレイクのネタを考えるようにしてください。私は、受付の方に「どうぞ」と椅子に勧められても、すぐに立ってこれらを凝視して、この会社を理解するように心がけています。

顧客との商談の最初（いわゆる、アイスブレイク）は、このように受付前に体感した情報を活用して、親密感を高めていくアプローチが最良です。話のネタはどこにでもあります。事務所の中の応接室（打合せ場所のような部屋）に通されたのであれば、壁に貼ってある「経営理念」や「本年度の事業方針」「電話で話をしている人の雰囲気（聞き耳を立てているわけではありませんが）」など、まず自身の体で感じることです。顧客を知るための第一歩は、訪問前の5分間、ノック⇓受付⇓応接室での3分間で成就する意識を持っていると、センスは自然に向上してくるものです。

アイスブレイクとして、時候の話は肌に感じる内容として最も一般的です。しかし、せっかくですから、事前に調べたインターネットからの新着情報や業界動向、五感で触れた会社の雰囲気などを交え、面談者に好印象を持ってもらえる内容にすると、商談に向けた会話が自然に盛り上がっていきます。

(3) 商談時の心の立ち位置

商談の際、皆さんは、自分の心の立ち位置をどのあたりにおいていますか？　たとえば、会社の代表としての営業マンとして「弊社の商品を買っていただけませんか」という立ち位置、もしくは、企業の置かれている環境を理解する意識を中心に、面談者の立場になりきった立ち位置などが考えられます。

皆さんは、自分がこのいずれの位置に立って商談に臨んでいるか、意識したことがありますか。一般的に、顧客の立場に立つのが理想だといわれています。しかし、それでは商談が顧客に流されてしまうので、本来の営業活動ができなくなってしまいます。そうならないためには、商談の中での大きな駆け引きも含めて、臨機応変な対応が必要になってきます。加えて、面談者の性格やタイプに応じて柔軟に対応しなければいけません。

大切なことは、**相手の意見に合わせながら商談を進めつつも、自身の営業としての立ち位置をコントロールできているか否かです。経験の中からそのセンスを磨くように心がけてみましょう。**次に、その事例を紹介します。

(4) 事例から学ぶ商談時の立ち位置

商談時の心の立ち位置について、ある企業の研修を例に説明します。某社アウトバウンドのコールセンターのオペレーター（これもしっかりとした営業です）を対象にした営業研修です。コールセンターなので、顧客の顔が見えない営業です。しかも、アウトバウンドなので、いきなり相手の仕事の中に電話を通じて割り込むという、非常に難しい営業スタイルです。

このカリキュラムには、「ベストプラクティス」という、成績優秀者から学ぶフェーズがあります。内容は、「優秀な営業マンの商談話法と自分の商談話法との比較から、何が違うかを確認し、自身のこれからの伸びしろを明確にする」というものです。この研修の様子を少しだけ再現してみます。

場面は、ベストプラクティスのFさんが模範のアプローチを演じ終えたところからです。

大　森　Fさんと皆さんの営業アプローチの違いは、どこにあるのかを振り返ってみてください。また、グループで意見交換もしてみてください。

（受講生たちは、自身とFさんとの違いを黙々と用紙に記入し、それを終えると、グループごとに意見交換を始める）

大　森　皆さん、どんな違いがあったのか？　発表して全体の共有化を図りたいと思います。発言したい方はどうぞ。

受講生G　私の個人的な感想ですが、正直なところ、大したことないと思います。質問内容もトークスクリプトのとおりですし、私と大差はないです。

受講生H　私もそう思います。違いといえば、声が非常にきれいで流暢なくらいで、話す内容は変わらないと思います。

大　森　そうですか。では、なぜFさんは毎年、皆さんの2倍以上の数字を上げることができると思いますか？

受講生G　運かな～？

この場で正解を述べた受講生はいませんでした。Gさん、Hさんは気がついていないのですが、会話時における心の立ち位置がFさんとは全く違うのです。ベストプラクティスのFさんは、常に顧客の懐に入るべく気持ちを相手側に寄せて会話をしています。Fさんは女性でしたので、そのよさを生かしたしなやかさと優しい会話力は男性に比べて有利です。しかし、商談時の立ち位置に男女の差はありません。

この後、私はGさん、Hさんとロールプレイングを行いました。彼らの商談は常に自分の側に立ち、隙あらばなんとか提案に持っていきたい、できれば案件を拾いたいという気持ちが如実に表れていました。

それに比べてFさんは、常に相手に寄り添える立ち位置で話をします。しかし、ここぞというときには、しっかりと顧客に最適な商品を勧める営業としての立ち位置に変わります。商談中、どこに心を置いて話を進めているか？　この立ち位置の差を認識することが大切です。

(5)　顧客との別れ際に見せるセンス力

中小企業診断士として創業支援に従事していたとき、元プロ野球選手のIさんから、第2の人生として野球教室を事業化したいとの相談を受けました。私はこのとき、NPO法人を立ち上げて社会人野球で事業化に成功していたJさんとご縁があったので、紹介を兼ねてIさんと一緒にJさんのもとへ練習風景を見学に行きました。

グランドでは選手たちが熱心に練習をしていました。すると、われわれの姿に気づくやいなや、キャプテンの号令が鳴り響き、選手たちが一斉に練習をやめました。そして、全員がこちらを振り向き、最高の敬意でお辞儀をしたのです。その姿に鳥肌が立ったのを昨日のことのように覚えています。

Ｊさん曰く、礼には3通りのスタイルがあります。今日はその中で一番の敬意を払ったお辞儀だと言われ、納得しました。この礼を受けたＩさんは、事業化のアドバイスを受けながら、選手たちへのアドバイスにも余念がありませんでした。

スポーツの世界は「礼に始まり礼に終わる」といわれています。礼を重んじるということは、相手に敬意を払うことです。センスやスキルを学んで、ハウツーを身につけることは大切ですが、それよりも大切なことは、相手に敬意を持って対応することです。

講師仲間のマナー研修の先生曰く、「お辞儀は頭を下げるのではなく、おしりを後ろに押す」と背中が伸び、きれいな姿勢になるそうです。

最近はエレベーターの前まで来訪者を送る企業が多くなりました。場合によっては、会社の門までお見送りということもあります。われわれ営業マンも、形式だけではなく、相手に敬意を持って「ありがとうございました」と言いながら、エレベーターが閉まるまで深々と頭を下げる。その気持ちはきっと相手に伝わるはずです。

3　訪問終了直後のセンス

(1)　訪問の目標達成度を振り返る

営業マンは、訪問した企業から一歩外に出ると、ほっとした安堵感に包まれます。これは35年間営業という仕事と向き合ってきた私でも同じです。顧客から、前向きな意見をもらえれば喜び、失注したときにがっくりする気持ちはよくわかります。

訪問一件一件は真剣勝負です。訪問直後に、その顧客から次のステップにつながる情報を入手することはできたのか、今後も継続して営業活動をするのか、もう訪問しないのかなどな ど、訪問前に決めた目標の達成度合いを冷静に見ながら、次の行動を決めなければいけません。

これに加えて振り返ってほしい内容が、顧客先での空気感です。「事務所がいつもより片づいていた」「業績が悪いのかな？　部長はいつもより不機嫌そうだった」といったことを感じ取る、感性のアンテナを張っておくことです。顧客から何か空気を感じることができるようになると、センスは向上していきます。

営業としての訪問結果を目標との比較で振り返るだけではなく、顧客先の中で何か新しい空気感を読み取るような意識を高め、結果や感情に左右されないように、次の訪問先への移動中に冷静な振り返りをする習慣をつけてください。

(2) 目標達成度から自身の伸びしろ課題を考える

目標達成度を振り返る際、できれば振り返りの中から自身のこれからの伸びしろになるような課題が浮き彫りになるようにしてください。もし、上司と同行で訪問する機会があれば、商談内容の結果も大切ですが、これからの伸びしろとなる課題が明確になるようにしてください。

具体的な例を見ていきましょう。

Kさんの法人営業経験は2年、私の見たところ、すごくまじめな営業マンです。その若さと熱心さはだれからでも好かれるタイプです。顧客に対してもその熱心さが営業活動に表れており、常に「御社のお役に立ちたい」「御社のために」と話をしていました。ただ、訪問時はなぜか、顧客とはいつも立ち話で済ませ、要件が終わるとさっさと引き上げる営業活動でした。その営業マンと私のやりとりです。

大　森　Kさんは、いつもこんなスタイルの営業ですか？

Kさん　はい。担当者さんはとても忙しそうなので、いつも用件を済ますとすぐに失礼するようにしています。

大　森　担当者が忙しいか否かは、担当者が決めることではないですか？　それに、せっかく時間をかけて訪問したのですから、5分から10分の立ち話ではもったいないと思いませんか？

Kさん　もったいないも何も、お互い効率的に仕事をするためには、これでいいのではないですか？　それに、こんな私に時間をとってもらうのは申し訳なくて。

大　森　Kさん、車のハンドルには遊びがあるよね。商談にも遊びがいると思いませんか？

Kさん　それは……、あったほうがいいです。

大　森　商談する相手は、人だよね。人と人には、感情が通い信頼関係ができてこそ、商談が成立すると思いませんか？

Kさん　……。

大　森　Kさんは、お客さんと雑談しますか？

Kさん　しません。

大　森　必要と思いませんか？
Kさん　思いますが、何をどう話せばいいのかわかりません……（しばらく　沈黙）。
大　森　よし、Kさん、これからは顧客を訪問したら開口一番、「○○○のKです。こんにちは！　最近のお仕事の調子はどうですか？」と聞いてみてください。名づけて、「最近のお仕事の調子はどうですか？プロジェクト！」。
Kさん　は、はい……。
（プロジェクトと呼ぶにはあまりにも安直な決め方かもしれませんが、本人にとっては、営業活動のスタイルを変える一大決心です）
大　森　安心してください。そう言った後、顧客に感想を聞いてみてください。何て言われるかな〜。そうしたら、その話を受けて、雑談を続けてください。あくまでも相手の話を受けてです。そして、それを管理する一覧表を作成しましょう。

彼との同行営業を終え、事務所に戻りさっそくどんなイメージがいいか共有を図りました。彼との同行営業はこれで終わりです。彼はこの後、このプロジェクトに取り組むのでしょうか？　通常、その場だけの「はい」の営業マンが多いのです。
それから2ヵ月後、私は彼と再会しました。まじめな彼は、私の助言にまじめに取り組んでくれたようです。私はそう直感しました。それまでの彼は、つっぱった緊張感満載のイメージが強かったのですが、その日はなんとなく穏やかさが漂っているように感じました。早く本人の口からそのことを聞きたい。気がはやります。

大　森　Kさん、その後、例のプロジェクトはどうですか？

Kさん　例の発言をすると、お客さまは「ま～座れ」と言って、お茶が出てくるようになりました。感激です。

大　森　そんな、お茶くらいで……。

Kさん　でも、私にとっては画期的なことです！

彼の場合は、商談におけるアイスブレイクの大切さ、雑談の仕方を心の中に注入することで、商談そのものにおもしろさを感じてくれるようになりました。どんなことでもそうですが、仕事も楽しくなければ意味がありません。彼には、商談の入口部分からその楽しさを感じてもらいました。彼は今も、元気に法人営業活動を頑張っています。

4　常日頃磨き編

(1)　木を見て森をみる　森を見て木を見る

現場の第一線で働く営業マンは、組織の中では精鋭隊です。会社からの数字責任を持ちながら、各人の持つ能力を最大限に発揮して、社内調整と自己啓発、そして顧客対応をするなど、常に時間管理との闘いを強いられています。日々の仕事に追われると、目先の営業活動をこなすことにばかり意識がいってしまいがちです。そうならないように、目標に対して自分がどの位置に立っているのか、時折、振り返ることが大切です。

これを戦争にたとえてみましょう。前線を走る兵士が、自分は軍（組織）の中でどの位置に立っているのかを理解せず、指示がないからといって、ただ前に進むのはあまりにも無謀です。真の兵士なら、隊長の指示がすべてです。そして、自身が今、戦場のどこに立っているのかを意識し、単独で行動することはありません。

営業マンの仕事の話に戻します。現在の組織において、さまざまな環境変化が起きるなか、前線で走る営業マンには、商談中に顧客からの依頼に対して、瞬時にその判断を求められることがあります。自分がどの位置で仕事をしているのか？　顧客の中で自身の仕事がどんな位置づけにあり、今後どんな方向性が考えられるのか？　**忙しい営業活動の中にあっても、自分との対話の時間をつくり、ぶれない考え方と決断力を養うことが大切です。**

少しオーバーな表現かもしれませんが、仕事の内容によっては、顧客が社運をかけるくらい営業マンを重要視している場合があります。これに気づかずに営業活動をしていると、大きな墓穴を掘ってしまう場合があります。私も営業マンとして情報システム関連の企業に勤めていたときに、やってしまいました……。

これは、基幹系といわれる企業の業務の中心にかかわるシステムの追加受注がとれたときの話です。私は、既存の基幹系にシステムを追加するだけだと、その仕事を安易に考えていました。するとある日、顧客である会社の担当役員から、電話がかかってきました。

「今回の新事業システムについて、どう考えているんだ！　体制がまったくできていない！」

ものすごい雷が落ちてきました。私はあわててこの会社を訪問し、新事業にかける役員の気持ちを聞きました。私は平身低頭、自身の考えの浅はかさを詫びましたが、その際に役員から、「俺を首にする気か！」と言われました。

この一言が今でも脳裏から離れません。後で聞いてわかったことですが、同社にとって、この新規事業は会社の命運をかける事業だったのです。

私はそれに気づかず、この受注は今までの業務システムの単なる追加と判断し、経営上非常に大切な意味があることを認識できませんでした。これは、システムの重要性は金額の大小で決まるものではないのに、企業における事業の位置づけを正しく認識できなかった私の失敗談です。まさに森を見ずに木だけを見ていた例です。

(2) パレートの法則（センス向上版）

経済学やビジネス用語によく出てくる手法に「パレートの法則」があります。事業活動にたとえると、「売上は上位2割の顧客で、8割の売上を占める」「売上の8割は、全営業マンの上位2割で実績を上げている」という意味で、2：8の原理ともいわれます。私のサラリーマン時代、POSシステムの分析などにパレート図を活用しました。最近では、ロングテールがこのパレート図の進化した形でしょう。

この2：8の原理に関連して、顧客でのセンス向上において重要な法則があります。それは、常日頃の営業活動で顧客のことを考える時間と商品・サービスのことを考える時間比率が、営業マンの売上貢献度に比例するという考えです。

具体的には、「顧客の環境を考える：自社商品を考える＝8：2」を意識している営業マンたちが、その営業部で8割の売上を上げることができるという法則です。

この説明は極端かもしれません。ただ、このくらいの気持ちで対応してちょうどバランスがとれてくると思っています。営業マンは、自社の商品をいかに顧客にあてはめるかという考え方が強いです。しかし、種々の商品・サービスが成熟化した現代では、この営業スタイルは厳しいものがあります。それよりも、顧客の環境の中に自社の商品やサービスをあてはめていく、もしくは、その考え方を提案するほうが営業として成就していきます。

私は、種々の業種業態の営業教育の現場を経験してきました。同行する営業マンほどの詳しい商品知識はありませんが、顧客との会話を彼らよりもスムーズに行う自信があります。要は、顧客視点にどれだけ歩み寄る意識ができているかが重要なのです。

【第5章】

ヒアリングスキルを磨く

ヒアリングに関する書籍は世の中にたくさんあります。しかし、「コンサルティング営業を目指す」内容にフォーカスした書籍はあまり見当たりません。ここでは、営業マンに顧客との商談時に大切にしてほしい「ヒアリングスキル」について見ていきます。

1　コンサルティング営業に向けたヒアリングとは

(1)　3つのきく（聴く・聞く・訊く）を使い分ける

私は約15年間、法人営業の商談の同行支援をしてきました。商談の主役は営業マンです。私は脇役を演じながら、よく感じることがあります。それは、営業マンが一生懸命、顧客に商品の説明をしているシーンが多すぎることです。目の前にいる顧客が、「うちにとって、その商品の何がいいの？」と首をかしげているのに、営業マンは商品説明に熱心なあまりパンフレットばかりを見て、相手の反応を感じていないのです。

自分の意見や提案内容を効果的に伝えたいという想いは、営業マンに限らずビジネスマン共通の課題です。**大切なことは、自分が伝えたいことを話す前に、営業マン自身が真摯に顧客の**

考えている問題や課題を「きく」という姿勢と気持ちができていることです。

「きく」を発音すると、その音は1つしかありませんが、漢字で書くと「聴く」「聞く」「訊く（質問する）」の3つの意味があります。英語では、「Listen」「Hear」「Ask」とその意味の違いが口頭表現でも明確にわかるようになっています。私は2社の外資系の会社に勤務したことがありますが、欧米人はこの3つの「きく」を機敏に切り替える能力を有していると感じたことが、何度かありました。

営業マンにとって、ヒアリングを制する者がコンサルティング力を発揮できると断言できます。そのくらい常日頃から、ヒアリングスキルの向上に意識を置いた営業活動が求められているのです。

「きく」の3つの意味の違いを見てみましょう。

①　聞く

アイスブレイクに代表される普段の会話におけるヒアリングです。自然体で相手の「お話をお聞きする」というイメージです。結論もなく、普段の家族との会話のように自然にできる内容が多いです。

② 聴く

しっかりと相手の話の意図や主旨を注意して耳を傾け、確認する姿勢を含めた傾聴（ヒアリング）です。話し手は、相手の考え方や物事の本質への質問に対して、それをしっかりと受けとめる（理解する）際の姿勢です。

③ 訊く

質問するというイメージです。顧客から聞いたことを確認するために質問するという意味もあります。できれば、教えてくださいという低姿勢で対応し、自分の意見を織り交ぜながら、意見交換をする感じです。

(2) 訪問先でのKYポイント

空気を読む読まないのたとえとして、その頭文字をとって「ＫＹ」という表現を使います。顧客を訪問した際に事務所の雰囲気（空気）を感じる、受付の方の応対から社員への教育が行き届いているかを感じる、商談中に相手の表情から気持ちを読む、などさまざまな場面で空気を読むことができます。

逆に、顧客も法人営業マンの一挙一動をよく見ています。言葉づかいはきっちりとできているか、誠意は感じるか、自分の都合ばかりを考えていないかなどです。特に第一印象で営業マンのイメージができてしまうので、ファーストコンタクトは大切な瞬間です。

商談では、法人営業マンは商品を売り込む前に自分の持っている価値観を横におき、訪問先で感じる空気や顧客の発する一言一句から相手の価値観や興味、感じの度合い、そのときの空気を感じることが大切です。その空気を感じる際に、法人営業マンに大切にしてほしいスキル向上のポイントが3つあります。それは「言葉の相づち」「顧客の立場に立つ」そして「商談内容を締めるキーワード」です。

(3) 言葉の要約と相づち

初対面の顧客との商談の際は、営業マンが事前に調べたホームページの情報を話のきっかけにしながら、「貴社の事業の現状について教えてください」と、興味のある内容から話を伺います。その際、相手の話をなるべくさえぎらないようにして、少し長めに話してもらうようにします。

話し終わったら、「○○さんの言われることを要約しますと、△△という感じですね」「なるほど、つまり○○ということですね」と、話の内容を要約するようにします。

その要約した内容が顧客の当を得ていると、「そうそう、そのとおり」と、話がさらに盛り上がっていきます。逆に、当を得ていなければ、「いや、そういう意味ではなくて……」と、顧客は営業マンの理解を促すために、さらに力を入れて説明します。

その際、営業マンがリードして、顧客が気持ちよく話せる雰囲気をつくることができれば、相手に「おっ」と気づきを与えたりするようになり、信頼関係を構築しやすくなっていきます。そして、顧客本人からでないと聞き出せない、よりたくさんの情報を引き出すことができるようになります。

この要約と併せて意識してもらいたいのは、体で表現する「相づち」です。相手の目をしっかりと見て、「聴いていますよ～」「おっしゃったことはこういう意味ですか～」というオーラを発しながら、しっかりとうなずくことにより、顧客との近親感を高めていくことができるようになります。

言葉の要約とタイミングを計った相づちをすることは、コンサルティング営業を目指す商談の中で、大切な潤滑油となります。

(4)　顧客の立場に立つ

第4章では、顧客との立ち位置でセンスを磨く方法についてまとめてみました。ここでは、具体的な事例を交えて、スキルの面から顧客の立場に立つ方法をまとめてみます。

私が新人の営業マンの頃、先輩で優秀な方との同行営業で鞄持ちをする機会がありました。その先輩は、顧客が考えているニーズのポイントを本当に上手に引き出すスキルを有していました。商談の内容はしつこくなく、さらっとした質問の中からその本質をしっかりと把握していました。

商談の最後は、「では、〇〇についてお役に立てる情報と概算の価格を提出させていただいてよろしいでしょうか？　来週は確か、水曜日が大切な会議でいらっしゃいますね。では、木曜日あたりでと思っています。〇〇さまは午前と午後ではどちらがよろしいでしょうか？」と、クローズな質問で締めるあたりは、本当に見事なくらいすばらしい内容（テクニック）でした。

訪問先からの帰路、先輩にそのテクニックを教えてもらいました。

「大森さん、テクニックなんかないですよ。相手の立場をできるだけ想像して考える。そうすると、きっとこんなニーズがあって、こんなことを依頼されるだろうなと考える。あとは相手の性格を読みながら、話の進め方を組み立てる。ただそれだけのことです」

「ただそれだけ」かもしれませんが、それを自然とやってしまうところにすばらしさを感じました。単なる上っ面の話ではなく、ニーズの本質はどこにあるのかを、商談中、常に顧客と一緒に考える姿勢の中から、法人営業としての自らのスタイルが構築されていくのだと痛感しました。

たとえば、法人営業マンが商談時に必ず持参する「パンフレット」を例に説明しましょう。このパンフレットを皆さんは顧客の環境に応じて臨機応変に使い分けていますか？　営業マンはパンフレットを顧客に説明をするのが仕事の一部です。

ただ、その際、「御社の場合ですと、○○のような使い方が最も適していると思われますが、この辺はどのようにお考えでしょうか？」と、一般的なメリットや特長だけをＰＲするのではなく、相手の反応を見ながら顧客がわかる言葉で話すのが、営業マンに求められるスキルです。

そのために、まずは相手の環境や立場をしっかりと考えましょう。相手に質問の主旨を理解してもらいながら、相手の立場に立ってヒアリングするように心がけてみましょう。

(5) 商談内容を締めるキーワード

私が東北に出張したときのことです。出張先では、地元の営業マンと何度か会食する機会がありました。東北は東京と比べて寒いからでしょうか、皆さん、非常にお酒が強く、しかも長い時間会食を楽しみます。私が明日のことを考えて、「さ〜そろそろ失礼を」と言うと、「では、最後の一献！」とお酒を注文して、さらに30分の延長となって困惑したことがあります。でも、この地方では、この「最後の一献」が今日の会食の締めだと彼らから教わりました。商談にも同じようなことが言えます。

商談もそろそろ終わりと感じると、営業マンは何か宿題をもらうことを模索します。内容としては、伺った内容の整理、商談として検討してほしいと言われた課題、顧客への長期的な視点から考えなければならない宿題など、さまざまな内容が考えられます。この宿題に加えて、その商談における締めのキーワードを残すことを考えてください。

たとえば、顧客から「当社の販売管理システムの見直しが必要だ」と言われたとします。営業マンは当然、その理由や背景、「いつまでに実施するのか？」「予算はどのくらい？」といった内容をヒアリングします。ただ、これでは見直しを実施するための基本的な内容が確認できただけです。ここは商談の最後に、「今回の見直しに際して、最も大切なことは何ですか？」

と、顧客に最も重要なキーワードを確認することです。

予想される答えは、「柔軟性」「敏速性」など、非常にアバウトな返事かもしれません。もしくは、「20％のコスト削減」「10月末までの納期」といった、数字を含めた具体的でシビアな返事かもしれません。内容はどんなものでもかまいません。相手の考え方を最後に確認する。これが商談の締めの言葉となり、次の訪問につながる橋渡しになります。

次回の商談に向けた契りでもあります。「締めのキーワード」をぜひ意識してください。

2 ヒアリング時の5つの落とし穴

(1) 聞くことが目的になっている

営業マンには、顧客のことをとにかく理解したいという思いが強く、「聞かなければ」という意識を持っている人が非常に多いです。換言すれば、「聞くこと」が目的になっています。

同行営業の際にも、私が営業マンに「いったいどこまで聞けばいいの」と問いただしても、明確な答えがありません。ただ、「聞けていない、聞けていない」の連発です。これでは、ゴールのないヒアリングになってしまいます。質問する理由や目標を確認しながら、話を聞く気持ちが大切です。もう1つの例を見てみます。

私が、勤務していた外資系のコンピュータメーカーには、「サーベイシート」（調査用紙）という冊子がありました。当時、私が販売していたのは、数千万円のオフィスコンピュータでした。販売管理や給与計算、財務会計などのシステム導入を検討してもらう際に、顧客の得意先や商品などの具体的な件数や、受注から出荷までの業務処理の流れなどの基本情報を収集・整理するための冊子です。

まだ営業経験の浅かった私は、受注前の商談であるにもかかわらず、このシートをすべて埋めなければいけないという先入観から、アイスブレイクもほどほどに、矢継ぎ早に質問をしていました。

大　森　現在の得意先は何件ですか？
担当者　○○件です。
大　森　商品点数はどのくらいですか？
担当者　△△くらいです。
大　森　営業マンは1日に何軒くらい得意先を訪問していますか？

担当者　平均○○件です。

このような感じでシートに従い、次々に質問を繰り出しました。顧客は、最初は好意的に答えていましたが、淡々と質問を続けていくうちに、不機嫌そうな顔をしていくのがわかりました。

私も途中で、「これはだめだ」と気づきましたが、時すでに遅し。10分も経つと、顧客は完全に気分を害していました。これでは、顧客はだれかに尋問されているような感じになって当然です。

なぜそれを聞きたいのか？　聞いたことで自身はどんな感想を持ったのか？　その流れの中から次にどんなことを聞きたいのか？　それを整理して話を組み立てていく必要があるのです。この反省を生かして、聞き方を変えてみましょう。

大　森　ホームページを拝見したところ、御社は全国に営業所をお持ちで、非常に広範囲に営業活動を行っておられるとお見受けしました。全国で主要な得意先は何件くらいお持ちなのですか？　（自分の顧客への感想を述べてから質問する）

担当者　全国ですか？　だいたい○○件くらいでしょうか。

大　森　私の想像どおり、非常に多いですね。さぞかし、顧客の売上管理や債権管理など、ご苦労が絶えないのではないでしょうか？　（オープンな質問で相手に安心感を与える）

担当者　そんなことはないですよ。コンピュータシステムでしっかりと管理をしていますから。それに、営業マンには訪問前に、この辺の数字意識を高めてもらうように、営業部長から発破がかかっています。

大　森　そうですか。では、安心ですね。ところで、主に動いている商品点数は現在どのくらいあるのでしょうか？

担当者　全体ですか？　△△くらいでしょうか。

大　森　こちらも多いですね。営業マンはどんどん発売される新製品の勉強をしなければいけませんから、こちらも大変ですね。

担当者　仕事ですから、営業マンには頑張ってもらうしかありません。

大　森　ちなみに今、営業マンは何名おられるのですか？

このように、法人営業マンが顧客の現状をヒアリングする目的は、われわれがどんな形で顧客のお役に立てるかを模索し、顧客のよきパートナーとなっていくための1つの手段とすることです。ここを間違えないようにしないと信頼を失ってしまいます。

聞くことが目的ではありません。顧客の具体的なニーズや考え方を理解し、法人営業マンとして何ができるかを考えることが目的です。そして、ヒアリングを通じて、顧客のためにお役に立てることを見つけることが目標です。ヒアリングは、顧客との信頼関係を築くための単なる手段なのです。

(2) コミュニケーションができていると勘違いしている

コンサルティング営業の講師を数多く経験していて、営業マンのコミュニケーションスタイルに、ある陥りやすい傾向があることに気がつきました。

ソリューションもしくはコンサルティング営業を目指す会社の社長は、「営業部の人は、顧客の課題を把握し、付加価値のある提案をしましょう」と口をすっぱくして、何度も社員に檄を飛ばしています。しかし、私が営業マンに「この課題って何だと思いますか?」と質問をすると「顧客の問題を解決すること」「顧客がこれからやりたがっていること」など、さまざまな答えが返ってきて、会社全体としての共通認識がありません。

極端なケースでは、「課題とは提案すること」などと言いきる営業マンもいて、驚愕しました。このように、言葉の意味は営業マンによってバラバラで、それぞれが都合のいいように解釈しています。このような会社はきっと、営業の報告書の記入方法もバラバラなんだろうと推測してしまいます。

営業マンには持って生まれた個性や性格があります。会社という企業文化の中で揉まれながら成長していきます。その個性を抑えてまでとは言いませんが、せめて社内でその記入方法や表現方法だけでも統一したルールをつくり、守るように徹底してほしいものです。

たとえば、顧客の訪問結果を記入する欄が3行あったとします。1行しか書かない人、3行しっかりと書く人、書いても冗長で論理性がなく何が言いたいのかわからない人、「○○さんに会いました」「○○さんに見積書を提出しました」というように、その結果や今後の対策について何の記入もない日記タイプの人――など、さまざまです。

言いたいことを要約する練習がコミュニケーションを図るスタートです。元来、営業マンは日報を書くのが苦手です。「売ること」が本来の目的であって、帰社してからパソコンに向かって書きたくないという声をよく聞きます。実は、私もその1人でした。しかし、日々の報告を上司や関係する人にきっちりとタイムリーに提供できてこそ、自分の営業活動において、客観的なアドバイスをもらうことができるのです。

上司からよく見られたい、評価されたいという思いから、顧客の意見を自分の都合のいいように解釈しないための警告にもつながります。そういう意味から、日報を通じた上司への「報・連・相」は大切な仕事です。社内の日報で正しいコミュニケーションがとれない営業マンが、顧客と正しいコミュニケーションをとれるわけがありません。

(3) 問題を直接聞いている

「何か困っていることはありませんか？」

これは、法人営業が初めてで、課題解決型の営業を目指す営業マンによく見られる質問です。新人営業マンの中には、いきなり顕在ニーズをヒアリングする人がいます。この手の質問に、顧客は何と答えるのでしょうか。

「いや〜、こんなことで困っていますよ」と、ズバリ答えてくれるのでしょうか？　そんなわけがありません。元来、今困っている問題がその本質をついたものかどうかは、わからないものです。それに、本質をついていたとしても、適切な解決策を法人営業マンが提供できるかどうかわかりません。

たとえば、「売上が上がらなくて困っています」という答えが返ってきたら、何と答えますか？　これは営業マンに限らず、経営の専門家でも即答できるような問題ではありません。売上が上がらない原因として何が考えられるのか、その要因を分析し検討をしないと本来の問題点はわかりません。

営業マンがこの質問をしてしまうもう1つの要因は、彼らの「まじめさ」が裏目に出てしまっていることです。営業マンが目標達成に向けて「一途」「一生懸命」なのはすばらしいのですが、「一途」だけ、「一生懸命」だけではいけません。商談ではいきなり本題（問題）に触れるのではなく、企業の環境や担当者の立場を見ながら、少しずつ本題に近づくような工夫が必要です。

車のハンドルに遊びがあるように、商談にも遊びを持たせることを意識をしてください。営業において、「何か困っていることはありませんか？」という質問では、解決策につながる答えを引き出すことはできません。それどころか、相手は何と答えればよいのか困ってしまいます。まさに、愚問と言うべきものです。

(4)　事実と意見を切り分けない

4つめの落とし穴は、「事実と意見」です。事実とは、数字で表現できる唯一無二の事象です。意見とは、その事実に基づいて相手がどのように考えているか、その考え方を表しています。そんなことは言われなくてもわかっていると思われがちですが、この意味を誤ると、ヒアリングが希薄になるだけではなく、顧客からの印象も悪くなってしまいます。

　事実と意見をうまく使い分けてヒアリングをしている人が、どの程度いるでしょうか。たとえば、事実ばかりをヒアリングしてみます。

「御社の従業員は何人ですか?」

「御社の課題は何ですか?」

「御社の本年度の方針は何ですか?」

　これでは、尋問になってしまいますね。では、顧客の担当者の意見を聞く質問を続けてみます。

「なぜ売上が目標に届かないのですか?」

「なぜ営業マンが育たないのですか?」

「どうしてコンプライアンスが守られないのですか?」

　こちらは、顧客の堪忍袋が切れること、間違いなしです。トヨタ自動車が社内で活用している原因追究思考の5Ｗｈｙ（5つのなぜを追求して問題の本質に迫る方法）ならわかりますが、このような、なぜなぜ質問を続けられると、よいコミュニケーションを図ることはできません。

「事実と意見」を上手に使い分ける、そんなヒアリングを心がけましょう。たとえば、次のように――。

営業　今年の実績は目標に対していかがですか？　（事実の確認）
顧客　もう一歩です。現在95％です。　（意見の示唆）
営業　達成が困難となった最も大きな要因は何ですか？　（事実の確認）
顧客　大きな要因は○○さんが途中で退職し、営業戦力が低下したことですね。　（意見の示唆）
営業　なぜお辞めになられたのか、差し支えない範囲でお聞きしていいですか？
顧客　自分で独立してぜひやってみたいということです。わが社としても大きな痛手ですが、彼の将来を考えるとやむを得ないと思っています。
営業　なるほど。では、今後の具体的な対応策は考えられましたか？　（意見の示唆）
顧客　新人の採用と即戦力化に向けての育成ですね。
営業　いつまでに、何人の採用予定ですか？　（事実の確認）
顧客　来月には2名、入ってくる予定です。

営　業　では、来期は新人の早期戦力化が課題ですね。

顧　客　はい、来期こそ必ず目標を達成したいものです。

（意見の示唆）

最初に事実を確認する。この事実を聞く際に、数字で表すことができるようなヒアリングであればさらによしです。なぜならば、数字とは万人に共通する物差しだからです。そして、その事実に基づいて、意見（考え方）を聞くようにする。顧客はその数字が「よかった」と評価しているのか、「まだまだ」と評価しているのか、その真意がわかります。

数字を加えた例を見てみましょう。営業マンのLさんと上司のやりとりです。

上　司　Lさん、今期は目標実績120％、おめでとうございます。

Lさん　ありがとうございます。しかし、顧客に恵まれたというラッキーもありましたし、周囲の方のご支援もあって、達成できました。私の真の実力の数字ではありません。

上　司　さすが、謙虚なLさんですね。真の実力に向けて、取り組むべき課題がどんなところにあると考えていますか？

Lさん　役員、特に社長さんとの面談を通じて、センスの向上とわれわれが提案するソリューションの橋渡しをもっと大きな目線でできるようになること。言ってみれば、大きな営業ができるようになることです。

上　司　大きな営業とはどういう営業ですか？

Lさん　1つは、長期的な視点から今の提案を見る目線です。これによって、先から見た自分の営業内容を磨くことです。もう1つは、経済や社会動向など顧客をとりまく環境を把握したうえでの提案です。この2つの大きさをもって、150％を目指したいと思っています。

上司は120％という数字を賞賛していますが、Lさんは満足していません。数字を基準に考え、その評価を聞く中から、その本意を把握することができます。

(5)　問題と課題を切り分けない

「何か困っていることはありませんか？」という質問が愚問であることは、先ほど説明したとおりです。それに加えて、「問題を解決することが課題」と、ことあるごとに繰り返す人がいます。これも間違いです。

「問題」とは、過去からのある期間において計画もしくは予測した事象（目標）と結果のギ

図表5-1　ある企業の売上実績

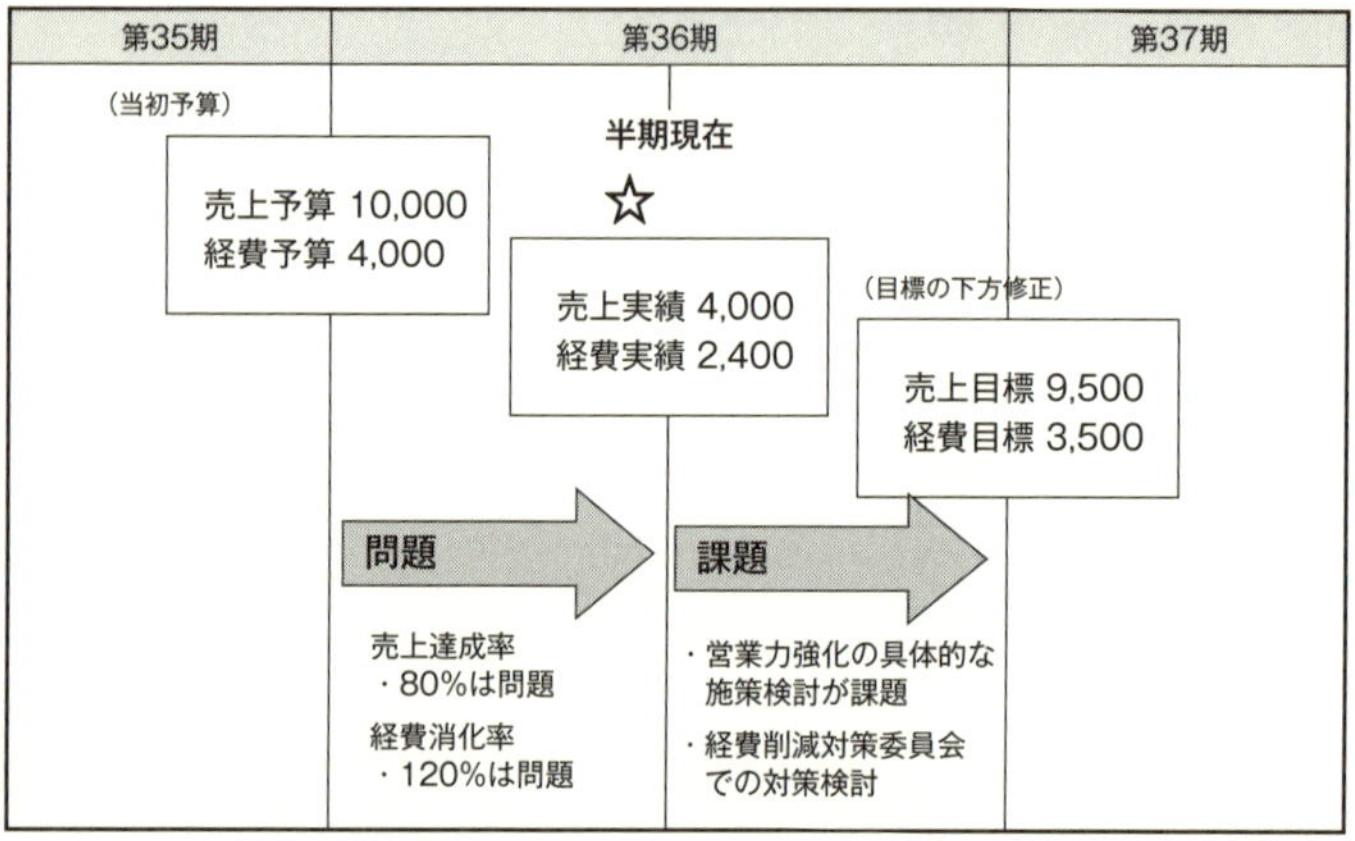

ャップを意味します。結果が計画に対してプラスの方向であっても、そのプラス分のギャップに着目して、計画が甘かったと問題視されることもあります。いずれにしても、過去から現在に対しての認識を示唆することです。

一方「課題」は、現在から今後のある一定期間の目標に対して具体的に取り組むべきテーマを意味しています。顧客には、課題解決を通じて思い描いているイメージがあります。このイメージを実現するための課題は何かを、一緒に考える意識が大切です。

具体的な例を見ていきましょう。図表5-1は、ある企業の売上実績推移です。現在は第36期上半期が終わりました。半期で、当初の売上予算1000万円に対して、実績が400万円の80%、経費が年間予算400万円に対して240万円で消化率が120%となり、これはいずれも問題といえます。

この問題に対する今後の対策として、会社は年間売上予算を下方修正し、経費も削減することを決定しました。では、この下方修正に対しての具体的な対策は何でしょうか？　たとえば、売上に関しては営業力強化に向けての具体的な施策（たとえば、新たなキャンペーンやコンテストなど）を検討する、経費に関しては削減委員会で具体的な内容を決定する、といったことが考えられます。

仮に、キャンペーンを実施する場合、どれだけターゲットを絞り込むことができるかが課題となります。どんなターゲットに対して、何をキャンペーンとして実施し、どのくらいの売上高を目標とするのか。また、達成した際にはどんな理想の姿ができているのか、営業マンはどのくらい成長しているのか、企業はどんな体質になっているのか――など、イメージを顧客と一緒に描くのです。

「問題」はあくまでも過去、「課題」はあくまでも未来。過去を振り返り未来を考える。この発想の中からの「問題と課題」。この２つの言葉をきっちりと使い分けることが大切です。

3　ヒアリングを向上させる3つのステップ

ここでは、ヒアリング力を3つの段階に分けて紹介します。自分が今どのあたりにいるのかを自問して、自分の立ち位置と今後のコンサルティング営業に向けた目標を考えてください。

(1)　事実（現状）を聞く

これは、現状についての評価を具体的な数字も含めて確認することです。主にインターネットからの情報などから、顧客の置かれている状況、担当者の立場などを正しく理解するための最初のヒアリングステップです。ヒアリングの最初の一歩なので、この段階でつまずく営業マンはいません。

ただし、してしまいがちな誤りがあるので、注意してください。それは、事実を聞いただけで、自分の考えを押しつけてしまうことです。たとえば、次のように――。

お客　私、携帯電話は持たないんです。

営　業　お持ちでないなら、安い機種があります。これは0円です。ぜひどうぞ。

これで売れることはまずありません。なぜ携帯電話を持たないのか、その理由をしっかりと聞かないと会話は続きません。事実だけで結論づけようとすると、無味乾燥な会話になってしまいます。

(2) 相手の意見を聞く

事実に基づき、相手の意見（考え方）を聞くというステップです。顧客の考え方をどこまで掘り下げて聞くことができるかが、大きなポイントです。その思いをしっかりと受けとめてほしいステップです。

先ほどの、携帯電話を持たないというお客に対して、いきなり商品を勧めるのではなく、次のように聞いてみましょう。

営　業　今の時代、携帯電話をお持ちにならない方は非常に少ないと思うのですが、その理由についてお聞かせいただけませんか？

お客　以前は持っていたこともあったけど、何かいつも監視されているようで、好きじゃないんです。便利なのはわかってますが……。

営業　なるほど、お気持ちはよくわかります。ただ、最近は自身の安全のためにという方も増えてきているようですね。（次項につづく）

相手が何を考えているかを意識し同意しながらも、自身の考えもしっかりと話し、お互いが意見交換をするという雰囲気の中から、相互の合意形成ができてきます。

(3) 今後の考えを聞く

最後は、「これから」を聞く力です。今の顧客の意見から、今後どのようになっていきたいのか？　もしくは、していこうと考えているのか？　いつまでに実現したいと考えているのか？　そのための課題は何なのか？　これらをしっかりと受けとめる最後のステップです。

お客　安全のためね～。確かに最近は、高齢者の徘徊とか、子どもの迷子とかで、携帯電話のGPSでしたか、そんな機能を使っているみたいですね。

営　業　おっしゃるとおりです。別に、電話が鳴るとかそんな機能は使わずに、ただ身内の方に今どこにいるのかを伝えるという、そんなシンプルなものが今後出てきたら、使ってみようと思われますか？

お　客　考えてみてもいいかもしれませんね。（完）

売り込むのではなく、「事実」「意見」「今後の考え」という3つのステップを意識しながら、コミュニケーションが円滑になるように心がけてください。

4　ヒアリングの内容と留意点

(1)　オープン質問とクローズ質問

皆さんは同窓会に出席して、久しぶりに会った同級生に最初、どのような声をかけますか？会話を弾ませるためには、「元気にしていた？」「最近どうしているの？」「今どこに住んでいるの？」といった、比較的相手が自由に答えられるやさしい質問から聞いていきます。「調子いいよ」とか「忙しいけど充実している」とポジティブな返事があったら、次に「ゴルフは続けているの？」「相変わらず出張は多いの？」と、より具体的な質問に移っていきます。

では、どのような会話になるか見ていきましょう。

Nさん　出張は減ったけど、仕事は相変わらず忙しいよ。

Oさん　それはよかった。体のことを考えると、出張が多いのはよくないからな。ところで、最近はどんな仕事してるの？

Nさん　新規事業開拓だよ。なかなか突破口が見つからなくて、苦労してるよ。

Oさん　へえ、どんな事業？　差し支えない範囲で教えてよ。

このように、会話の最初は、リラックスできるオープンな質問からスタートし、次に具体的なテーマによるクローズな質問をします。そして、その理由や背景を聞きながら、再度オープンな質問を行い、その次にもう一歩踏み込んだクローズな質問で内容を深めていきます。

もう少し、この質問手法を考えてみます。ここでは、「なぜ」と問うオープンな質問と、「たとえば（具体的には）」で打診をするクローズな質問について見ていきましょう。

「なぜ」と問うオープンな質問

「なぜ」という質問は、「その理由は○○ということですか?」と、相手の考え方にもう一歩踏み込む形になり、より本質に近づくことができます。

「あれほど熱心だったゴルフをなぜやめられたのですか?」

「なぜ、新規事業が苦戦しているとお考えなのですか?」

その理由について相手から自由な意見を聞くことができるので、相手の考え方を引き出すことができます。繰り返し使うことはご法度ですが、ここぞというときには、うまく織りまぜてほしい質問話法です。

「たとえば」で打診するクローズな質問

これは、「○○という考えですが、たとえば○○とは、△△というようなことですか?」と、イメージで伝えていることがより具体化されてきます。

また、漠然としている、もしくは答えにくい質問などの場合には、「それは、たとえば具体的にいうと、○○のことですか?」と、クローズな質問により内容が具現化され、顧客との意思疎通がより明確にできるようになってきます。

具体的な例を見てみます。

営　業　今までお伺いしたお話を要約してみますと、「さらなる営業力強化」にまとめられると思いますが、いかがですか？

顧　客　まさにそのとおりです。

営　業　営業力強化と言いましても、ターゲットの見直しや営業組織の見直しなど、さまざまな方法が考えられると思います。具体的には、どういう面を強化していこうというお考えなのですか？　たとえば、人材育成とか……。

顧　客　まさに、その人材育成です。企業は人なり。特に、リーダー格がどのように周囲の営業マンの模範となっていくかが肝だと思っています。

1つの方針・考え方を具体化してくれる「たとえば」をうまく使うと、話はスムーズに流れていきます。

(2)　沈黙を恐れない

営業マンにありがちなタイプの1つに、沈黙を怖がる人がいます。これは、営業マンのPさんと私の企業訪問後の振り返りでの会話です。

大　森　Pさん、お客さんが考えているその瞬間、どうしてそこで話をしてしまうのですか？

Pさん　沈黙が怖いからです。

大　森　あの場面でお客さんは、どうしようかと考えているのです。合意を迫りたい気持ちはわかりますが、そこはじっと我慢です。

商談中、営業マンが商品を強引に押しつけて、よい結果となるのは非常にまれで、ほとんどの場合、顧客は引いてしまいます。顧客が納得して発注するためには、ときには、じっくりと考えてもらうことが必要です。商談をよい結果につなげるために、顧客に考えてもらいたいことが多々あります。それなのに、沈黙が怖くてそれをつぶしてしまう営業マンがいます。彼らはたいてい、営業マンは話が流暢でなければいけないと勘違いして、機関銃のようにひたすら話をします。

営業マンが苦手とする顧客のタイプに、「話をしてくれない人」をあげる人が多いです。顧客が寡黙だと、会話が盛り上がらず、笑いをとることも困難だと思っているからです。

まずは、相手のタイプと性格の洞察をしてください。相手のタイプに応じて、商談をリードしていくのです。商談の主役は顧客ですが、どのようにリードするかは、営業の仕事だと私は考えています。このタイプについては、第6節（194ページ）で追記しています。

(3) 自身のクセを知ろう

「なくて七癖」ということわざがあります。癖がないように見える人でも、少しは癖を持っているものだ、ということです。営業マンに限らず、だれにでも癖はあります。もちろん、私もたくさんの癖があります。研修の講義で早口になる、意見交換ですぐに現実的なことを考えてしまう、怠け癖がある、なんでも「一応」という言葉で片づけようとするなど、数えあげればきりがありません。

これらの癖について、プラスなのかマイナスなのかを考えることは、とても大切です。仮に、プラスと考えるのであれば、それを自分の強みとして、さらに伸長させる気持ちを持つことです。マイナスと考えるのであれば、その弱みを補佐してくれる人を探すのです。思い当たる人がいなければ、その弱みをどう克服するのか、対策を考えなければいけません。

たとえば、私は講義の際に早口になるという癖がありますが、その対策として、なるべく受講生の顔を見ながら、「心に残っていくかな〜。言っていることが腹に落ちてくれているかな〜」と、相手の目を見ながら語りかけるようにしています。そして、熱くなって早口になってくる自分に気がつくと、3秒くらい間をとってから話をするように心がけています。

弱みを知り、その弱みをどのような対策でカバーするのか、自身で考えなければいけません。

(4)　導入後のイメージを共有する

本章第2節(5)で、顧客と一緒にイメージを描くことの大切さを説明しました。しかし、新人の営業マンによくある傾向として、ご用聞きのように依頼されたことに誠実に応えるだけで、商談に遊びがないといったことが多く見られます。ご用聞きが悪いと言い切るつもりはありません。ですが、彼らが顧客からの依頼内容について、それが当を得た依頼事項かどうかを考えていないことや、当を得ていないとわかっていながらご用聞きをしていることに問題があるのです。

顧客は、本当はご用聞きなど求めていません。むしろ、営業マンと「一緒になって課題をまとめたい、足らない点があればぜひアドバイスがほしい」という意識を持っている場合が多いのです。

足らない点で最も多いのが導入後のイメージの共有です。得てして人は、先が見えないと不安になり、そこから前に進むことを躊躇するものです。商品やシステムを購入する際、購入した後のイメージを一緒に語り共有することを通して不安を払拭するのです。

「この商品を御社のこの棚で、こんな演出をすると、こんなイメージができます。これにより、◇◇なお客さまはこのイメージに目を引かれ、既存の△△の商品を含めて、販売の相乗効果が期待されます」

システム商材であれば、

「投資効果として、年間○○円が期待されます。社員の生産性○％向上を目標にした動機づけを行うことができます」

といったイメージです。

大切なことは、もしあなたが提案する商品やシステムを導入したら、だれがどんな反応をするのか、何がどうなるのかなど、そのイメージを顧客と一緒に具体化していくことです。そして、その過程で顧客から相談があったならば、その背景にあるものまでしっかりと掌握したうえで、解決策を提案するのです。

なぜこのイメージなのか？　代替案はどの程度考えたのか？　ほかに実現したいテーマはな

いのか？　など、意見を交換しながら、ニーズの先にあるイメージをつくります。直近の顕在ニーズを満たすことだけでは不十分です。顧客が求めるニーズを満たすことの先にあるイメージが合致してはじめて、顧客との思いが共有できたといえるのです。イメージをきっちりと押さえるには、商談の幅を広げる意識とヒアリングの工夫が必要です。

(5) あるべき姿とビジョンのバランス

顧客とイメージが共有できると、あるべき姿に一歩近づくことができます。それは、経営者が描いているビジョンです。どの企業にも経営理念やビジョンがあります。経営者は目先の数字目標も大切ですが、さらに大切にしたいと思っていることがあります。それは、企業の「あるべき姿」の実現です。

経営者の仕事の1つに、あるべき姿のグランドデザインをしっかり描くことがあります。われわれは、そのデザインを支えるべき仕事の中にある、顕在化された1つの課題をお手伝いしているのです。

気をつけなければならないことは、夢の話ばかりを聞いても前に進まないということです。顧客によっては、抽象的なビジョンの話ばかりする人がいます。その際、営業マンは、顧客がいったい何を話したいのかわからないというケースがあります。元来、夢とは、論理的な根拠の弱い話です。なるべく焦点を絞った話ができるように心がけ、スキルアップを図って、エッセンスをまとめるようにすることです。

(6) パレートの法則（スキル向上版）

第4章第4節(2)でもパレートの法則を紹介しましたが、ここではヒアリングにおけるスキルの面からの応用です。それは、「顧客のお話し時間：営業のお話し時間＝8：2」です。

営業マンには、話をしたい性があります。たとえば、研修で商談のロールプレイングを行った際、営業マン役に十分に話ができたか聞いてみると、ほとんどの営業マンは思ったほど話せなかったと答えます。ですが、私が横で見ていた限り、営業マン役は皆、かなり話をしているのです。実は、彼らが言う「話せなかった」は、時間の尺度によるものではなく、「話し足りない」という気持ちを表したものなのです。

もっとも、内容のある商談をするには、8：2の比率では、営業マンの話が少なすぎて無理だと私も認識しています。あくまでも、このくらいの割合で臨むのが最もよいと意識しておこうという意味です。営業マンには話をしたがるタイプが多いのですから、営業マンの話す時間は2割しか与えられていないと思うことで、バランスがとれると思ってください。

8割を聞く意識を持って商談に臨む営業マンは、全体の売上の8割を占めるようになっているのではないかと私は思っています。少し強引かもしれませんが、ヒアリング時にこの比率を思い出して商談に望んでください。

5　ヒアリング後の留意点

(1)　A4用紙1枚にまとめる

法人営業マンにとって訪問時の目標の1つに、顧客から宿題をもらうことがあります。これが物売り営業とコンサルティング営業の最も大きな違いかもしれません。同行営業で支援をする際にも、宿題をもらうように心がけています。では、どんな宿題をもらって帰るのか？　注文をいただく、見積もりの機会をいただく、検討の機会をいただくなど、さまざまな宿題が考えられます。この宿題を次の商談につなげていきます。

では、ヒアリングした内容については、どのように次につなげていくのでしょうか？　まさか、聞きっぱなしなんてことはないですよね……。

同行営業の際、私は営業マンに、ヒアリングした内容をA4用紙1枚にまとめるようにお願いしています。1枚の紙にまとめると、次のようなメリットがあります。

①　紙に落とすことで、顧客からヒアリングした内容を自分のイメージで整理できます。人から聞いた内容には、たくさんの誤解、勘違いが潜んでいます。これを紙に書いてみながら、その内容について復習をします。そして、次回訪問時に、紙にまとめた内容について顧客と意見交換をすることで、顧客の現状を正しく把握することができるようになります。

②　商談の最後に、「内容を整理して、次回、お邪魔をさせていただきたいのですが……」と伝えます。これにより、顧客は、「当社のことを理解しようとしてくれている」と、信頼感が湧いてきます。宿題をもらうことで、次の訪問へのきっかけをつくることができます。

③　内容をまとめる際は、営業マンの考えを盛り込むようにします。できれば、文章だけではなく、図式化してイメージに訴えるようにします。営業マンが顧客の役に立ちたいと思っていることが、顧客のニーズに合致しているのか否か、次回訪問時にその答えがもらえ

図表5-2　ヒアリングシートの例

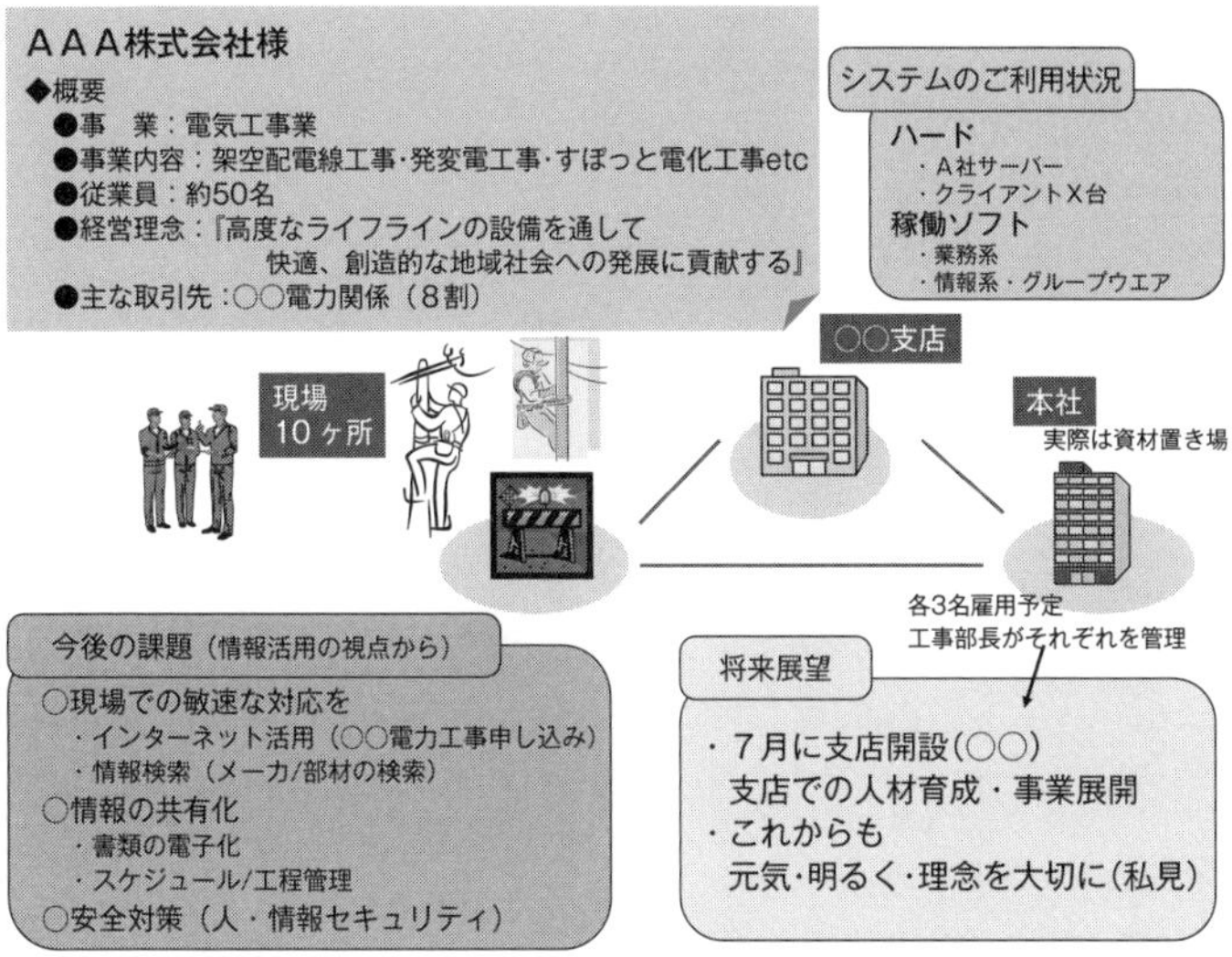
ＡＡＡ株式会社様
◆概要
●事　業：電気工事業
●事業内容：架空配電線工事･発変電工事･すぽっと電化工事etc
●従業員：約50名
●経営理念：『高度なライフラインの設備を通して
快適、創造的な地域社会への発展に貢献する』
●主な取引先：○○電力関係（8割）
システムのご利用状況
ハード
・A社サーバー
・クライアントX台
稼働ソフト
・業務系
・情報系・グループウエア
○○支店
本社
実際は資材置き場
現場
10ヶ所
各3名雇用予定
工事部長がそれぞれを管理
今後の課題（情報活用の視点から）
○現場での敏速な対応を
・インターネット活用（○○電力工事申し込み）
・情報検索（メーカ/部材の検索）
○情報の共有化
・書類の電子化
・スケジュール/工程管理
○安全対策（人・情報セキュリティ）
将来展望
・7月に支店開設(○○)
支店での人材育成・事業展開
・これからも
元気･明るく･理念を大切に(私見)

ます。

なお、紙にまとめるのは必ず1枚です。複数枚になってしまうと、全体を俯瞰することができなくなってしまいます。1枚の用紙に、①会社（顧客）の概要と、②システム提案の場合には現在稼働している概要図、商材提案の場合には顧客における自社商品の位置づけ、③今後の方針、④自社が支援できるサービスを通じて顧客が得ることのできるメリットやあるべき姿（イメージ図）――を盛り込んでいきます。

図表5-2はある企業における概要を1枚のシートにまとめたサンプルです。現状と課題、これから何をしていきたいのかについて自分の言葉でまとめてみて、そのうえで顧客

と話をしてください。これにより、営業マンは、顧客の要望を正しく理解できているかどうか、顧客もしくは担当者の意向が盛り込まれているかどうかを確認することができます。

最近は、便利なプレゼンテーションツールが用意されています。それらをうまく利用して、修正しながら何度も何度も書き直しているうちに、効果的な資料が作成できるようになり、併せて、業種や企業規模に応じた説明ができる営業マン独自のノウハウと、組織としての強みが蓄積されていくのです。

(2) 聞いたことを一回り大きく考える

営業マンが実務担当者と商談をしているときの仕事は、提案書や見積書を提出すること、もしくは、受注に向けた交渉をすることです。その商談を進める際に考えてほしいことが1つあります。それは、その商談をもう一回り大きく考える気持ちです。

たとえば、顧客からの依頼で、次の商談で見積書を提出することになったとしましょう。その場合、まず、その見積書にある商品・サービスを顧客が得ることによって、どんなメリットがあるのかを考えてみます。顧客から見た仕入商品であれば、売上向上にどれだけ寄与できるのかを考えてみます。システムの販売や技術商品であれば、時間短縮・品質向上などが考えられます。

では、これの一回り上の大きさ感とは何でしょう？　それは、その会社の経営上のインパクトです。システム販売の場合、大きな投資になるので、どのくらい経営に寄与するのか、採用する企業側も慎重になります。

このように考えていくと、商品 ＜ 業務改善 ＜ 経営への寄与度合 ＜ 業界へのインパクト ＜ 社会に貢献 ＜ 日本経済への寄与 ＜ 世界にはばたく……と、どんどん大きくなっていきます。

余談になりますが、岩手県の花巻市に宮沢賢治館があります。激動の明治時代を生き抜いた彼の名言はたくさんありますが、その中の1つに、「宇宙をあっと言わす」という表現があります。

明治時代、日本全国の現況さえも正しく把握できなかった時代に、世界を越えて宇宙という発想でことに当たる彼の精神とはどういうものだったのでしょうか？　ただただ、不思議と言うしかありません。彼の童話「銀河鉄道の夜」をはじめとして、彼は大きな宇宙感から世界中の人に夢と希望を与えてくれています。

法人営業も同じです。顧客から言われた目の前の依頼事項に応えるのもよいのですが、その背景にある意図を把握する意識を持って、一回り大きく見る目を養うだけでも、顧客からの視線は変わってきます。

6　常日頃から磨くヒアリングスキル

(1)　自己紹介でスキルを磨く

常日頃から聞く訓練をする格好の機会があります。それは、名刺交換の場です。複数人数での名刺交換の場合には難しいですが、もし1対1での名刺交換であれば、相手の名刺を見ながら簡単な情報交換やヒアリングをするように心がけてください。

たとえば、こんなイメージです。

「こちらの部署には、いつから来られているのですか?」

「3ヵ月が経たれたのであれば、もうお慣れになられたと思うのですが……。新しい部署の様子はいかがですか?」

「ほ～、中小企業診断士の資格をお持ちなのですね。実は、私も目指しているのですが、試験の範囲が広く勉強時間の確保がなかなかできなくて……。どのように勉強され、合格されたのですか？」

といった感じでです。

こうすると、相手は自分に興味や好意を持ってくれます。また、その際に、①事実と意見（診断士試験合格という事実、どのように勉強したのですかという相手の意見）、②クローズ質問とオープン質問（試験にはいつ合格されたのですか？　一番ご苦労されたのはどんなところですか？）を意識して話すことにより、会話がスムーズに進みます。

一方、へたな人は、名刺交換をしただけで、「よろしくお願いします」と頭を下げて終わる人、もしくは自分のことばかり話し続ける人です。特に、自慢話や持論を滔々とされる人がいます。自分が相手に興味を持たなくて、相手が自分に興味を持ってくれるわけがありません。

名刺交換という日常茶飯事のビジネスシーンにおいて、うまく聞いてくれる人からはそのコツを学び、下手な人からは反面教師として勉強させてもらう気持ちを持ち続けてください。

具体的な商談の中で、身近な話題からヒアリング力を上げることもできます。身近な話題を集める場合、雑談がお薦めです。雑談には、天気の話、芸能界やスポーツの最近のトピックス、業界動向、経済情勢、業績の話など、種々の話題が考えられます。

雑談や名刺交換の話題で共通していることは、結論がないことです。ほや～んとふんわりした話をしながら、人と人のお付き合いが始まるのです。

(2) 相手のタイプを意識してヒアリングしよう

苦手な相手との接し方についての相談を受けることがあります。営業マンも人間ですから、顧客の好き嫌いがあって当然です。しかし、商品やサービスを販売する営業マンである以上、どの顧客に対してもよいところを見つけて、好意を持つ努力をすることが大切です。

苦手意識を克服するためには商談の相手を、①営業タイプ、②技術タイプ、③管理タイプ――3つのタイプに整理して、相手のタイプを見きわめながら商談をリードしていくのも1つの方法です。

① 営業タイプの方

商談のペースを自分中心に進めなければ気が済まないタイプです。顧客の現況や商談に関する情報をたくさん提供してくれるのですが、話が終わらないタイプです。営業が女性で、男性がこのタイプだと、それが顕著に表れます。このケースにあてはまるなら、商談前にあらかじめ、「すみません、○○部長、今日は時間の関係で30分しかないのです」と断っておけば、先に要件を済ますことができます。そして、時間が来たら時計を見ながら、「すみません、そろそろ次がありまして」と言って席を立てば問題ありません。このタイプには、話し好きの人が多いので、結論を先に話すようにします。

② 技術タイプの方

1つひとつの内容について、きっちりと説明を受けて納得しないと次に進まないタイプです。提案内容については、論理的な説明を要求されるので、その理由づけについての熟慮が必要です。商談中に沈黙することがあり、これを苦手とする営業マンは多いかもしれません。しかし、一度納得すると心変わりすることが少ないという長所があります。じっくりと、しっかりと説明するように心がけてください。

③ 管理タイプの方

技術タイプの方に似ていますが、どちらかというと、価格とリスクにシビアな方が多いです。したがって、コスト面と提案内容を採用するか否かのメリット・デメリットを数字で明確に示さないと納得してくれません。じっくりと意見交換をして、提案の主旨に理解を示してくれるようであれば、信頼を得つつあるといえるでしょう。

以上、どんなタイプであっても、私は顧客を訪問する前に、まずこの顧客に興味を持とう、担当者に笑顔を見せて好きになろうと心がけています。顧客は、営業マンが好意を持っていることを知って、初めて心を開いてくれるのです。

(3) 移動中に拾う雑談力

皆さんは顧客先への移動に車もしくは電車を利用していると思います。都内の場合、多くの営業マンは電車で移動すると思いますが、その車内には時流が把握できるたくさんの雑談ネタがあります。

たとえば、電車に乗っている人たちの雰囲気です。夕方の通勤通学の時間帯だと、若い学生さんは、友だちと元気に話をしています。年配サラリーマンは仕事に疲れているせいか、スマホも触らずにほとんどの方が眠っている光景をよく見ます。

若い学生さんの話に少しだけ聞き耳を立ててみると、芸能界のアイドルの話や学校の試験結果の話など、今時のトレンドを感じることができます。眠っているサラリーマンの顔を見ていると、「人間関係で疲れているのかな？　それとも気候の変化の激しさで疲れているのかな？」と洞察してみます。

車内の中吊り広告も、時代の流れを感じさせてくれます。乗った電車の沿線の観光情報、雑誌の広告に書かれた政治経済に関する最新情報も把握することができます。

街の中も同じです。もし、アパレル繊維系の企業を訪問するのであれば、道を歩く人のファッションや駅近くのショーウインドウで見られるディスプレイから今年の流行を感じたり、食品系の会社であれば、天気・気温から見た野菜の相場、行列ができる飲食店を見つけたら、なぜ行列ができるのか、を洞察してみてください。

街で感じたこのような情報をそのまま商談で話すことができるかどうかは別にして、少なくとも、感じたことから時代を読み取る力を養い、時代の空気を感じる場にしてほしいのです。

訪問先で面談する担当者は比較的、社内にいることが多いと思います。このようなときは、「外の空気」を呼び水にして、うまく商談につなげるような意識を持つと、顧客はきっとあなたの話題を重宝がってくれます。

【第6章】

メンタリングを受ける

1　メンタリングの意味

(1)　メンタリングとは

メンタリングとは、組織における人的資源開発の手段として、社会では非行や暴力などを防ぐ手法として広く活用されています。メンタリングには、メンターという支援者がいます。彼は営業マンを本気にさせ、どんな問題や課題が出てきても、それに挑戦する勇気を与える究極のリーダーです。そしてメンタリングとは、メンターによって組織の生産性を可能な限り高めていくマネジメント手法のことを指します。

元来、営業マンは伸長する可能性があるにもかかわらず、本人はほとんど気づかずに仕事をしています。営業マンが実力を発揮できないのは、その可能性を引き出す機会がないだけです。逆に、次々と新たな可能性を見出し伸長している人には、必ずといってよいほど、メンター的な人が背後にいます。

メンターの支援は、営業センスを磨くとかスキルをチェックするといったテクニック的な内容ではなく、営業活動内容や職務の姿勢といった、仕事そのものに近い内容になっています。

この章では立場を変えて、営業マンに対するメンタリングについて解説します。営業マンは、メンターとの意見交換を通じて信頼関係をつくっていきます。そんなに簡単なことではないと思われるかもしれませんが、「人を育成する」という素朴な内容からスタートします。単純な表現をすれば、「心からの助言」をしてくれます。ただし、どんな言葉を交わそうとも、仕事の原点となる「魂」に触れないと意味がありません。

(2)　手法に依存しない

営業マンのQさんの話です。Qさんの会社では、法人スキルチェック試験が定期的に行われています。試験内容はロールプレイングが中心で、10分程度の商談が終了すると5分程度のフィードバックを行います。彼はこの試験に7回も挑戦しました。ちなみに、この試験の合格基準は高く、受験生から難しいと敬遠されていました。

Qさんは5～6回めの試験が終わった際、私にこのような質問をしました。

「大森さん、私は法人営業に向いていないのでしょうか？」

人生相談に近い内容でした。このような相談を受けることは、私にとって職務外かもしれませんが、本人の瞳からは必死さを感じました。その場での応対は無理でしたが、その後、場所を変えて真剣に相談にのり、今後の伸びしろを見つけるべく支援してきました。

このような支援に、これといった理論やテクニックはありません。特に営業の世界では、理論として体系立ったものはありません。現場での実務から進化しています。営業マンにとって、実務から支援内容を具体的に落とし込めば落とし込むほど、実践しやすくなってきます。

人材をテーマに考えた場合、正解といえる手法はありません。大切なことは、営業マンが心の中で抱える寂しさや苦しみ、不安にどのように寄り添うかです。単なる手法ではなく、育成とは何かを考え、1人1人と真摯に向き合うことです。

人の原点である「自分がかわいい」という「自分」にどう寄り添うのが本人の幸せにつながるのか、そして、それが売上につながり会社に貢献していく充実感を持たせる流れにつながっていくのかを一緒になって考えるのです。手法に依存せず、本人の環境を理解して、客観的に寄り添うのです。

(3) 人と人の関係から考える

仕事柄、私のことを先生と呼んでくださる方がたくさんいます。しかし、周囲の方が私を「先生」と呼ぶと、「大森さんと呼んでいただけませんか?」とお願いしています。理由は、経験という意味では確かに「先を生きる（先生）、長く生きている」かもしれませんが、支援するという立場から見た場合には、お互いが同等と理解しています。

ところで、世の中には、センスやスキルをたくさんの要素に分解し、それらをいくつかのパターンに分析し、その分析に基づいて生み出された「育成手法」という名の商品・サービスがあふれています。私もこれまで、法人営業のスキルチェックをさまざまな形で体系化し、人材育成に役立てようと試みてきました。しかし、いくら体系化されたスキームでチェックを実施しても、営業マンの育成にはなかなかつながりませんでした。世の中にあふれている他の育成手法も同様でしょう。

なぜでしょうか？　理論やテクニックに誤りがあるのでしょうか？

私はあるとき、その答えに気づきました。人材育成とは、理論やテクニックではないのです。誤解しないでほしいのですが、理論やテクニックに問題があるというわけではありません。育成する側が、理論やテクニックにとらわれすぎていたことが問題だったのです。講師が理論やテクニックに溺れてしまうと、営業マンを説得にかかろうという意識が強くなっていきます。説得しようとすればするほど、相手はどこかで妥協せざるを得ず、助言の効果は薄れてしまうのです。それどころか、その場を繕うだけで、結果として、何の信頼関係も生まれてきません。

そもそも、営業の仕事というのは、「買ってほしい、買ってください」という、人と人の思惑が交錯し、駆け引きをし合いながら、最終的に顧客の信頼を得ていくものです。理論に基づく友情やテクニックで結ばれた愛というのが噴飯ものであるように、信頼もまた同様です。人材育成は、上司・部下や先生・生徒という関係を超えた1人と1人の人間として、素直な気持ちで接することが大切なのです。

(4) 短期的な視点よりも長期的な視点

営業マンに限らずビジネスマンであれば、企業人として、また、この世に生まれた人間として「社会に認められ、会社に貢献できる人材になりたい」と思っています。組織（社長）は、人材の育成を通じて、企業の成長を促進させたいと思っています。

世の中には、営業マンに目の前の数字（売上）だけを常に求めている企業もあります。毎日、上司は営業マンに「今日の数字が達成できるまで会社に戻ってくるな！」と、営業活動に出してしまう会社もあります。厳しく当たるには厳しく当たるだけの意味があります。しかし、営業マンに短期的な数字だけを求めている会社は長続きしないと私は思っています。

第1章で説明した仕事の構図（図表1-2）を思い出してください。法人営業の仕事とは、

1日のノルマを達成することだけが仕事ではありません。営業マンとしてのバランス感覚を意識してほしいのです。

入社2~3年目の若手営業マンに、社会の厳しさを痛感してもらうために叱咤するのはわかります。厳しさを体感してもらうために、1日100件のノルマを課すのも理解します。

しかし、それ以上の経験のある営業マンには、このバランスを客観的に見つめ直す機会が必要です。メンタリングを受けながら、長期的な視点から見た自身の育成手段として、考えてほしいものです。

2　メンタリングの行動方針

法人営業にとってのメンタリングとは何か？　私は、日本海軍の連合艦隊司令長官山本五十六の次の言葉に、そのすべてが集約されていると思っています。

「やってみせ、言って聞かせて、させてみて、褒めてやらねば人は動かじ」

私は、この言葉がコンサルティング営業におけるメンタリングの基本要素と考えます。

過日、Facebookで「貴方はどの軍師スタイルに似ていますか?」という、簡単な診断をするサイトを見つけました。興味があり、仕事の気分転換にいくつかの質問に答えたところ、「あなたのタイプは山本五十六です」と表示され、非常に感激しました。

なぜならば、彼の伝記は機会を見つけては読み、興味を持っていたからです。営業マンとの同行研修や社内研修を行う際に、私自身が最も大切にしたいと思っているのが、この言葉なのです。

(1) やってみせ(まず自らが手本になる)

営業研修に限らず、「人に教えること」全般に言えることです。まずは、自分が手本を見せなければいけません。語学の授業では、まず先生が最初に新しい単語の発音をします。体育の授業では、まず先生が模範を示します。ときどき、「手本をうまく見せられないと恥をかくのでやらない」という講師がいますが、私に言わせれば言語道断です。

この「やってみせ」で、営業研修のカリキュラムに一般的に導入されているのが、ロールプレイングです。私が講師を務める研修では、次のように進めています。

まず、具体的な事例を提供し、個人もしくはグループでどんなアプローチを行うのかをまとめ、シナリオシートを作成します。ロールプレイングはそれに基づいて行われます。最初は、受講生が営業マン役を演じます。それが終わると、観察者あるいは私が営業マン役の受講生にコメントをします。そして、今度は私が営業マン役として、手本となるロールプレイングをするようにしています。ただ、営業経験の短い方が多い場合は、手本として私が営業マン役を演じることもありますが、これは例外的なものです。

受講生が演じた後に手本を見せるのには、もちろん理由があります。仮に、私が先に営業マンを演じた場合を考えてみてください。次に演じた受講生に対して、言葉で指導することになります。言葉だけだと、理論やテクニックを伝えることが中心になりますので、相手の胸に刺さりません。そうならないように、私は受講生の改善点を把握したうえで、改善すべきポイントを示唆する手本を見せるようにしているのです。実際に改善した話法を見せながら指導をしないと、信頼関係は生まれてきません。

同行営業でも考え方は同じです。ただし、再現のきかない同行営業では、まず私が顧客と商談を行い、彼らに模範を見せます。訪問が終わると、営業マン自身の営業活動との違いを認識させます。そして、私と営業マンの差の根っこが何であるのかを明確にします。

もし私の商談内容がよかったとしたら、受講者が今までの商談プロセスの中で何ができないのか？　なぜできないのか？　意識がないのか？　しなければと思っているが、やり方がわからないのか？　などを浮き彫りにしていきます。やってみる中から営業マンに私との違いを感じさせ、必要な伸びしろを意識してもらいます。

(2) 言って聞かせて（信頼を得る）

ここでは、「どのように言って聞かせるのか？」がポイントです。営業マンに刺さる言葉、表現は何なのか、どのような環境で話すのがよいのか（たとえば、営業活動の帰りの車の中、反省会の名のもとに喫茶店）など、受講生にしっかりと聞く耳を持ってもらいあれこれ考えながら進めていくフェーズです。私の経験では、すぐにその場で答えを求めずに、時間をおいたほうがより効果的であることがよくあります。

私がこのフェーズで心がけていることは、「言わない」ことです。言ってしまうと、営業マンは「はい、頑張ります」と安易に答えて終わりです。大切なのは、営業マン自身に考えさせる姿勢を持たせることです。

元来、日本人はすぐに答えを求める人種です。高校や大学の受験制度で習慣がつき、社会人になっても、それが抜け切れていません。よく、「どうすれば売れる営業マンになりますか？」と質問されますが、これには答えがありません。答えは営業マンの心の中にあります。手本を見た営業マンが、これからどのような方針で営業活動をよくしていきたいと思っているのか、これを決めるのは本人です。本人が「これで」と言わない限り、言って聞かせてはいけません。決して誘導してはいけません。営業マン自身が考える中から、自身が信頼できる、心に刻まれる言葉が生まれてきます。

(3) させてみて（できると鼓舞して挑戦させる）

させてみる方法で最もよい方法があります。それは、ロールプレイングでの「巻き戻し」です。

研修において、事例でのロールプレイングでスキルアップを図る練習をしている際に、私がいら立ちを感じるときがあります。それは、営業マン役のヒアリング方法に満足がいかないときです。そのようなときは、「なぜもう一歩踏み込んだ質問をしないのですか?」「なぜ、そこですぐに提案したのですか?」と中断します。

そして、このときの営業マンの心理を読みながら、経験やスキルに応じたコメントをして、もう一度、やってもらいます。場合によっては私が再度営業役を演じて、「やってみて」を試みます。その際の営業マンのようすを見ながら、「彼ならできる」と思えば挑戦をさせるようにし、私の伝えようとしていることが彼の得意技になるようにしてもらいます。

させる際には、本人のスキル・力量に応じた目標の高さを明示しなければいけません。営業マンは、何をどう挑戦すればいいのか、わからないものです。

(4) 褒めてやらねば人は動かじ（自信をつけさせる）

最後は、褒めることです。余談になるかもしれませんが、インターネット上に「褒める」専門サイトがありました。最近は、Facebookで「いいね」のボタンを押して、お互いが褒め合う傾向にあります。グループウェアに、その機能を盛り込むことにより、社内のコミュニケーションの円滑化を図るというのを見たことがあります。しかし、本当の褒めるは、面と向かってお互いが話し合う中で、認めたことに対してするものです。

褒める際には、どれだけ相手が感じているのか、次はどのくらいの高さを目標にするのが適切なのかを考えます。応援・支援をする立場として最も神経を使う場面です。

褒める際には、「何を」「どんなふうに」「どんな言葉を」「どんなトーン（ゆっくり）」で話すのかを考える必要があります。

3　メンタリングから考えるコンサルティング営業

(1)　忘れない仕掛けをつくる

ある営業マンの話です。彼は法人営業経験が長く、やる気もあるのですが、なぜか顧客との会話が空回りをする傾向にありました。それが、私が最初の研修で感じた彼に対する印象です。

それから3ヵ月後のフォロー研修で彼と面談を行った際、彼は私にこう言いました。

「最近、私の担当している顧客から声がかからないんです。なんとなく、避けられているような、信頼されていないような……」

何があったのでしょうか。私は、どんな顧客に、どんな内容で、何分ぐらいの話をしているのか——最近の状況について聞いてみました。そして、わかったのは、彼の営業活動がご用聞きに戻っていたことでした。

残念ながら、3ヵ月前にお願いしたことは伝わっていませんでした。身についていませんでした。それどころか彼は、スキルとは関係なく、管理職にも抜擢されて部下の指導も任されるようになっていました。

本来なら、激怒したいところですが、ここは私の責任です。「○○さん、なぜ元に戻ったと思いますか」という質問を繰り返しながら、彼ができていない本質に迫りました。

理由は簡単です。「忘れてしまっている」のです。人間は、時間とともに忘れる動物です。ドイツの心理学者、ヘビングハウスの忘却曲線によると、人は1時間後に56%、翌日は74%、1週間後に77%、1ヵ月後には79%も忘れてしまう動物といわれています。

忘れない仕掛けが必要です。たとえば、一度やると決めたことは、毎日見える場所(たとえば会社の机の上)に張る。毎日呪文のように唱える。研修後の懇親会の席でも、その言葉を思い出してもらい、何度も繰り返す。伝えたことが血となり肉になるまで根気強くお付合いする仕掛けが大切です。

そんな仕掛けを一緒に見つけてあげることが、メンターである支援者の仕事です。

(2) 同じ環境になりきる

「先生には、私の気持ちはわかりませんよ」

私が支援する営業マンからよく発せられる言葉です。そんなことはありませんよ。

ここで、都心から地方都市へ転勤になった営業マンのRさんの話を紹介したいと思います。都心から地方への転勤を、皆さんはどう思いますか？　私は、彼から転勤の話を聞いたとき、特に卑下する必要はないと思っていました。それよりも、彼の転勤先が私と同じエリア内だったので、久しぶりに彼と再会できることに、私は胸を躍らせていました。

ところが、彼はそうは思っていなかったようです。会って話をしてみると、営業活動の効率の悪さ、商圏の小ささ、営業マンが1人しかいない寂しさなど、地方都市の営業環境に馴染めない不満を感情的に話し続けました。

その間、私は聞き役を務めていました。そして、彼が話し終えると、しばしの沈黙を経て、こう言いました。

「でもね、Rさん。いい勉強の機会ですよ。都心で活躍されていたときの約束を覚えていますか？　いつかは独立、でしたよね。今はその準備期間です。そのためには、『自分に厳しくなっている自分をつくる』。確かイチローの言葉でしたよね」

彼はその言葉を思い出したようで、われに返ってくれました。彼は将来、独立を夢みて今の仕事を頑張っていたのです。しかし、仕事環境の変化に惑わされて、本来の自分の思いをどこかに忘れてしまっていたのです。

彼らの悩みを聞くために、支援者であるメンターがどこまでも目線を合わせながら、その環境に浸ることができるかが大切です。

(3) 気づきのプロセスを大切にする

コンサルティングや研修をする中で、私は「気づき」という言葉に深い意味を持たせています。この「気づき」を経営者や営業マンに促せないようでは、講師は失格です。

営業活動で感じたことを助言しても、相手には響きません。たとえば、ロールプレイングでのスキルチェックの場合、ロールプレイング実施後に改善点をアドバイスするだけでは、相手に伝わりません。

アドバイスの後、相手の反応をチェックし、具体的な取組み内容を示唆して、相手の目を見てその反応を確認します。たとえば、「明日から意識してほしい営業活動」をしっかりと彼らの胸の中に残し、共有を図らなければ意味がありません。相手が気づき、今日から行動を変えようと意識を持ってもらえないのであれば、何のためのチェックかわかりません。

気づきは、相手が気づきたくなるように接することが大切です。たとえるなら、初めて訪れる家で電気のスイッチを入れるようなものでしょうか。どこにあるのかわからない、探すにしても気を遣う、見つけてもデザインが凝っていると押し方がわからない……。ですが、きちんと押しさえすれば、電気がパッとつくように、気づくことができるのです。

根気よくスイッチを探し、手を替え品を替えて何度も押しているうちに、相手の琴線や涙腺に届くようになります。この線に触れると相手の態度が変わり、ここからやっと本当のコミュニケーションが始まります。それ以降は、スムーズに話ができます。

気づいてほしいことについて、「あなたのここは、△△ですね」というように指摘するのは簡単です。ですが、それでは気づきになりません。大切なことは、この「△△」を口にせず、相手に「△△」を気づいてもらうことです。そのためには、適切な目線（目は口ほどにものを言うというように、これが一番大切です）、トーン、早さ、近寄る距離感を何度も探り、適切な気づきの伝え方を見つけ出さないと、相手は気づきのスイッチをオンにしてくれません。

(4)　無意味な「頑張ってください」

私は上司に営業活動の進捗状況を報告すると、「頑張ります」を口癖のように言っていました。すると上司は、これまた口癖のように「頑張らなくてもいい。数字をとってきてくれればそれでいい」と突っぱねました。

そのとおりなのです。「頑張ってください」という言葉がよく使われますが、見方によっては無責任なのです。何をどのようにいつまでに達成するのか？　この内容が具体的になってからの「頑張ってください」ならいいのですが、必ずしもそうではありません。

単なる「頑張ろう」ではなく、営業マンの印象に残る言葉を一緒につくることを頑張ってください。その言葉の中にどれだけの広さと深さを考慮したか、本当に魂を打ちこめる一言になっているのか、本人の目の輝きは変わったかを見きわめてください。そして具体的に行動を変える方法を指南してください。それが支援者であるメンターの仕事です。

【第7章】
ミッションサーチを考える

1　やる気の根っこに迫る

(1)　仕事の「やる気の源」をつくる夢

中小企業の経営者がこっそりと、私にこんなことを打ち明けました。

「経営者はつらいですよ。どんなに会社が苦しい状況にあっても、社員の前では明るく、『わが社には未来がある！　夢がある！』と話さなければいけません。でも、現実は顧客からのクレーム対応、今月の資金繰り対応で銀行を奔走、社内のコンプライアンス対策などなど、問題山積で本当に苦しいです」

経営者が本音をこぼした瞬間です。彼は、自分の胸の内を話せる人がいないので、私に話したのでしょう。こいつならと、本音を話してくださったことに感謝です。私は、「社長さんの苦しみは、僭越ながら多少なりともわかるつもりです。でも、最後の最後まで夢を追い求めていきましょうね」と、微力ながら応援メッセージで励ましていました。

社員や顧客が魅力を感じるために、経営者は「夢を語る」必要があります。どんなに苦しくつらい壁にぶち当たっても、その壁の向こうにある「すばらしい世界」を実現するために、寝食を忘れて日々邁進する――社員や取引先はその夢に魅了されて、「この社長となら！」という思いでついてきてくれるのです。

私は、営業マンも同じだと考えています。夢の大きさや重みはそれぞれ異なるかもしれませんが、優秀な営業マンほど、「私は御社を担当して経営の合理化に貢献できるようになることが夢です」「私は、御社の売上に大きく貢献でき、感謝状をもらうのが夢です」と、プレッシャーをおそれず大きな夢を語ります。顧客はその気合いを感じ、やがてその営業マンを信頼するようになっていくのです。

私が営業マンの頃、顧客の実務担当者との商談では、「弊社の商品でこんなことができればいいですね」「こんな夢が実現できればいいですね」と、たわいのない話をするようにしていました。このようなふわりとした会話を、緊張感漂う商談の潤滑油としてきたのです。

夢の語りを通じて、やる気の源を自らつくるようにしましょう。あなたが若い営業マンなら、高級車に乗りたい、海外の別荘で暮らしたいという、物への執着でもかまいません。ぜひ、自分の仕事や人生の夢を周囲に語るように心がけてください。経験豊富な営業マンならば、担当する顧客への思い、社会や地域への貢献の夢などを語っていただきたいものです。

夢を語ることができるようになると、次はその夢に向かっての源を自ら探し、その具体的な手段を考えていくのです。営業の場合には、「受注」がその源であることは間違いありませんが、もう一歩踏み込んで自分自身を見つめてください。自らのやる気の源がどこにあるのか、考えてみましょう。

ある経営者は、こう言っています。

「経営者は99％の苦しみと1％の楽しみの世界です。でも、その1％の楽しみのために日々努力する」

ここで言う「楽しみ」とは、「夢」の実現を意味しています。

(2) 「自己実現」を目指す専門分野を考える

法人営業のプロとして、仕事をする大きな目的は2つあります。1つは経済的な面です。家族を養うために、会社から給与をもらう仕事は重要です。仕事の対価としての給与は、高ければ高いほどいいと考えるのは自然の道理です。

もう1つの目的は、マズローの5段階の要求の最上位である、自己実現の面です。優秀な経営者や一流のプロ選手を見ると、彼らには、生活のためとか、いくら報酬がもらえるといった欲はありません。

たとえば、アシックスの創業者である鬼塚喜八郎会長がそうでした。私が中小企業診断士として創業支援の企画をしていたとき、アシックスの創業者である鬼塚会長をゲストスピーカーとしてお招きしたいと思い、そのお願いをしたことがありました。私が企画していたのは行政関係の仕事だったので、講師への謝金は安価でした。しかし、秘書の方からは、「お金はどうでもいい。弊社会長がその場でお話しする意義・意味は何ですか？」と問われました。当時私は、阪神淡路大震災の産業復興支援にも携わっていたので、この企画が復興支援の一環としての創業支援であることを熱く語り、3度めのお願いで登壇が実現しました。

経済的な面を重視するのか、自己実現を大切にするのかは個人の自由です。ただ、成熟化した今の時代、経済的な面よりも自己実現を重視したほうが、より充実した仕事ができると思います。自己実現を重視した仕事をするためには、2つのポイントがあると考えています。

①　自己実現に向けた専門性を磨く

第2章第5節で、コンサルティング営業を支える4つの柱のうちの1つ、マインドセットについて説明しました。その際、私が新入社員時代に営業部の上司から言われたことを紹介しました。食品業界の新聞と雑誌を精読し、今後の業界動向と情報化の流れについて2週間後にプレゼンテーションするというものです。これから食品業界にコンピュータ（システム）の営業をする新人に出された宿題です。この宿題で合格点がとれないと、営業をさせてもらえない。

つまり、営業部に存在する意味がなくなる、そして実績に応じて支給されるボーナスももらえなくなるという話です。

それ以来、「食品業界」「情報通信業界」「現場力」の3つのキーワードであれば、社内のだれにも負けない営業になろうと心に決めました。そして、顧客から評価されることが自分の夢であり、自己実現の道と考えるようになりました。おかげで、業界のこれからを常に考える習慣を持つようになり、食品業界を中心に20年間営業活動を行うことができました。当時の上司に感謝しています。

加えて、だれに何と言われようと、だれかに甘えるような他力本願の生き方をしない決心もしました。当時、外資系のコンピュータは国産メーカーよりもかなり高かったので、価格に依存する営業はできませんでした。そこで、「自社にしかない」ではなく、「自分にしかできない」新しい価値を語れるようにしてきました。

② やりがい

これは、決して人から強制されたり、褒美（プライズ）でつられたりするものではありません。自分の心の中から湧き出すやる気が、周囲の人との会話によって自らのやりがいに変わり、相手の役に立っていると確信できたとき、その喜びは倍増します。

私は人材育成を通じて組織の変革の支援をしていますが、やりがいは2つあります。1つは、過去のご縁を大切にして、今でもその成長を見届けながら、社会に貢献できるすばらしいビジネスマンの姿を見ることです。

もう1つのやりがいは、そのような人材を育成する組織のために、ソリューションやコンサルティングによる新しい営業活動を通じて、社内でプラスのスパイラルが働き、どんな時代でも一定の成果を実現できる仕掛けをつくることです。

営業マンの皆さんも、自身の専門分野を磨き、やりがいを見つけてください。

(3)　仕事以外で自己実現の場を考える

営業マンの中には、仕事は今ひとつなのに、趣味や教養の話になると急に目の色が変わる方がいます。先日も、ドラムを趣味にしている営業マンと同行しましたが、その話になると、話がつきない場面がありました。

今の時代、「仕事だけ人間」はその人の幅のなさを示しています。雑談でその幅の広さがわかりますが、仕事がらみの雑談だけではない、自分の道を示す趣味や教養にこだわってほしいと思います。

私が懇意にしている仕事仲間には、和服にこだわる女性、挨拶状を毛筆でいつも送ってくださる紳士などがいます。こうした、相手に自分のよき印象を残すためのイメージづくりには、頭が下がります。

私も、ハワイ音楽を通じたウクレレと、不自由しない中国語で一人旅をしたいと夢みています。仕事以外での自己実現の場を目指すことは、仕事でのはずみにつながってきます。

(4) 座右の銘をつくる大切さ

皆さんには座右の銘がありますか？　座右とは、皇帝が自分の右側の席に、自分が信頼できる補佐役を座らせた重要な席を指します。銘とは、個人が鐘や器などの器物に刻む文字の一種で、自分自身の戒めを目的に刻んでいるものです。

ある行動派の営業マンがいます。彼の経歴は10年くらいです。彼からは、仕事を通して今が一番充実している、とのオーラが感じられます。彼の座右の銘は「おれがやらなくてだれがやる」です。そろそろ行動第一から、マネジャーとして人にやらせる考えを、最後の「やる」という言葉に入れてほしいとお願いしています。

30代前半の女性の営業マンがいます。彼女は雑談が得意で、その雑談の中から上手に仕事のネタを拾い、ビジネスを広げています。彼女の座右の銘は「明朗闊達」です。営業に明るさと度量の広さ、小事にこだわらず常に大事を意識する。自身の強みを生かした、すばらしくコンパクトな言葉です。

この問いかけに答えてくれる営業マンは、過去の経験から半分くらいです。営業経験の短い方には、なかなか考えづらいことかもしれませんが、自分を鼓舞する言葉や大切にしたい価値観を、手帳の片隅に書いて常に意識するとよいでしょう。

あなたも、これをきっかけに座右の銘を見つけてみませんか。

2　紙にまとめる重要性

(1)　口頭ではだめ

仕事柄、たくさんの社長とお会いする機会があります。社長のリーダーシップは、大きく2つのタイプに分けられます。1つはカリスマ性が強く、自分の判断は常に正しいと信じて周囲の意見を聞かずにリーダーシップを発揮するタイプ。もう1つは、なるべく周囲の意見を取り入れて、合議制を大切にしてかじ取りをするタイプです。どちらがいいとかではなく、後者のタイプの場合には「和」を大切にとの発想があり、それは経営理念であったり、毎朝の朝礼での唱和であったりします。

この唱和や理念は一見、なんでもないことを言っているように思えるかもしれませんが、非常に意味のあることであり、社員全員を同じ方向に持っていくためには、効果的な方法です。そして、その内容を事務所の壁に掲げて、社員の士気を鼓舞するように常に意識づけをしています。

文書化のできている企業ほど、社内のコミュニケーションが円滑に図れています。一方、社長が頭を指しながら、「それは私のここにある」と言う会社の空気はなんとなく、社内のコミュニケーションがうまく図れていないのが、私の過去からの経験則です。

(2) パソコンもだめ

最近は若い人が本を読まなくなってきており、その傾向についての特集がテレビで放映されていました。確かに、最近はインターネットがいつでもどこでも閲覧できるようになり、ＳＮＳが情報のシェアや共有によってさらにそれを加速していることは間違いありません。

その特集では、「英語の早期教育は必要か」というテーマについて、自分の意見を１５００字以内にまとめるという課題を6人の学生に出していました。制限時間は1時間です。6人の内訳は、全く本を読まない学生4人と1日に2時間は本を読むという学生2人です。

スタートの合図の後、どちらの学生も、インターネットで参考図書を探しました。そして、本を読む学生は、インターネットで気になる図書を見つけると、図書館に走りました。

本を全く読まない学生は、インターネットの検索サイトから必要な情報をググリ（検索し）続けました。そして、これは使えると思った箇所をコピペし、その内容に手を加えて小論文を完成させていました。彼らの小論文は、考察は最後の1～2行程度で、熟慮が弱い内容だという評価でした。

図書館に走った学生は、テーマに関する書籍の中から自分の興味のある内容に絞り込んで、その背景や科学的根拠から裏づけをまとめていきました。したがって、テーマを絞り込み、自身の意見をきっちりと述べた内容だと評価されました。

この結果に倣えではないですが、最近の営業マンを見ていると、自分の意見が少ない、もしくは考え方が薄っぺらい人が多いと感じています。自分のやる気はどこにあるのか？　インターネットやパソコンの効率化ソフトを使わず、白紙の紙と鉛筆を持って、真摯に自分と向き合ってもらいたいものです。常に自問し、生み出す苦しみから、本当にやりたい根っこが見えてきます。

(3) 自分の中から答えを出す

営業マンはよく、孤独であるといわれます。確かに、数字のノルマに追われ、周囲の同僚はライバル、一人で仕事をすることが多く、手本やマニュアルもなく、困ったときに相談する相手がいない……。他の営業マンの成功事例やアドバイスを聞いたとしても、性格や営業スタイルが異なるため、自分がその方法をまねてもうまくいくとは限りません。

営業マンにはそれぞれ個性があります。その個性を大事にし、最大限引き出して、営業としての武器にしなければいけません。それを短く明快な座右の銘として文書化して、血となり肉となる言葉とすることで、働く本質に近づくことができます。

私がそれを直接教えることはしません。個々の特性を見きわめ、答えをあえて言わず、本人に考えさせる。私は彼らに、成長に必要なエッセンスを与えることで、自分が大切にするものを探し、自分にふさわしい仕事のスタイル、ふさわしい生き方を見つけるお手伝いをする。営業マンは、大切なものとふさわしい仕事のスタイルに目覚めると、生まれ変わります。実は、孤独ではないのです。

【第8章】

目指せ！　先を読むコンサル営業マン

1 新しい習慣を身につけよう

(1) 新聞を読んで話す習慣

唐突な質問で恐縮ですが、今日の新聞を読みましたか？

最近は、新聞をとらず、インターネットで世の中の出来事やスポーツ結果を見る人が多くなりました。確かに、電車に乗っても、ほとんどのビジネスマンが紙の新聞ではなく、スマートフォンで最新の情報をチェックしています。新聞や本を読んでいる人のほうが明らかに少ない時代になりました。

紙の媒体でなくてもいいので、営業マンであれば毎朝、日経新聞を読んで経済感覚を養いましょう。昨日の日経平均株価の終値はいくら、為替相場で円安はどのくらいを推移したかなども気にしてください。株をやらない、経済動向に興味がないという営業マンでも、せめて、1面のタイトルを斜め読みして、流れ感をつかむようにしてほしいものです。最近は、情報端末を使えば、どの新聞も見出しくらいは無料で見ることができます。

銀行や証券会社の営業マンなら、日経新聞をスミからスミまで精読する必要がありますが

（某証券会社の営業管理職研修時に感じましたが、彼らは本当によく読んでいます）、そうでなければ、そこまでする必要性はありません。

意識してほしいのは、記事を読みながら、自身の仕事もしくは顧客の仕事に「何か関係がないかな」と考えることです。これを習慣とするのです。

たとえば、円安で恩恵を受ける顧客もあれば、収益悪化の要因になっている顧客もあるはずです。そして、顧客を訪問した際、その記事を話題にして話をしてみてください。理想の姿は、顧客の業界についての記事が掲載されたその日、訪問時のアイスブレイクとして、「今日の日経新聞ご覧になりましたか？　来年度は法改正で○○が緩和されるそうですね」と話ができることです。

日経新聞の次に「読んでみませんか？」とお勧めしているのが、地元の新聞（地方紙）です。地元の新聞は名前のとおり、その地域で起こったさまざまなニュースが中心です。地元の企業に関する記事のほか、さまざまなイベントの予定や行政関連の人事異動など、地域密着の情報を瞬時に入手できます。これらを営業時のアイスブレイクツールとして活用するよう、ぜひ明日から実践してみてください。

朝起きたら、顔を洗う、歯を磨く、目覚めの一杯の水を飲む、その後に新聞を読む。その際に、今日はどの記事を話題にして、どんな発言をしたら顧客と話が弾むか、考えてみてください。朝、新聞を読んで、営業活動の価値を高める習慣を身につけていきましょう。

(2) 時代の流れを把握する習慣

定点観測という言葉をご存じですか。気象の専門用語で、一定の地点で一定期間、気温や気圧・星座の動きを見ながら、種々な気象環境を連続して観測することです。これにより、気候の大きな変化を予測して、今後に備えるというものです。最近は気候温暖化や環境汚染に伴い、自然災害を予知するための手法としても重要視されています。

私はこの「点」を「店」に変え、定店観測という造語を使うことがあります。これは、ある店を一定期間観測・調査し続けることで、世の中の流れを把握しようというものです。

私の懇意にしているアパレル会社の社長は毎年、ニューヨークのとあるストリートを訪れ、コーナーにあるマネキンが飾ってあるウインドウをじっと見ることを習慣にしています。この社長は、このウインドウをじっと眺めながら、これから日本でどんなファッションが流行るだろうか、と予測をするのです。彼はこれを10年近く続けています。訪れるたびにマネキンの写真を撮り、帰りの機内でこれまで撮った写真を時系列に見ながら、じっくりと仕入商品を考えるそうです。最先端のファッションから自分の店の位置づけを洞察する、「定店観測」のきわみかもしれません。

これを皆さんの業界にあてはめてみてはいかがでしょうか？　小売業であれば、ある決まった店の決まった売場（コーナー）が、1週間・1ヵ月・1年でどのような変化をしていくのかを観測します。メーカーや卸売業の場合には、店というわけにはいきませんが、工場の中のある工程、倉庫内のあるロケーションの変わっていく様子を見て、時代の変化を感じとる習慣を持ってください。すると、あるとき、自身のものを見る習性が変わっているのに気がつきます。

時代の流れをいち早くつかむには、新聞などのメディアに頼るのではなく、外に出て、顧客に近い場所の中から感じ取るのが一番です。感じ取ろうとする気持ちが、コンサルティング営業のセンスを磨いてくれるのです。

(3) 社会と顧客そして自分を見る習慣

ある新聞で、人工知能の進化に関する特集が組まれていました。それによると、この技術が進化すると、われわれがインターネットで使っている検索機能が不要になるそうです。なぜならば、コンピュータが人の心理を先読みし、検索する前に答えてくれるからです。そうなれば、コンピュータが人間の先読みをするので、世の中の情報を今よりももっと早く収集できるようになります。

これは便利になる反面、人間がますます考えない動物になっていくことを意味しているかもしれません。

しかし、私は便利になる時代だからこそ、人間にしかできない、法人営業マンのあなただけにしかできない仕事を考えていく時代になっていくのだと考えています。

第1章で登場したBさんは、「お仕事の調子はどうですかプロジェクト」の実践を通して、コンサルティング営業としての必要なセンスとスキルを身につけ、現在は法人営業から昇格して法人部門のほか、新たに個人向けの市場の責任者を兼務するポストに昇格しました。個人向け市場は彼にとって新しい分野です。営業と一口にいっても、法人向けと個人向けでは全く異なります。しかし、彼は独自の視点と発想で両者の違いを克服し、仕事に邁進しているようです。

たとえば、「どんな市場が期待できるのか」と新しい発想で先を予測したり、法人営業で実践してきた「調子はどうですかプロジェクト」の応用編として、個人の顧客に向けて「最近はいかがですかプロジェクト」を実践しています。これは、第一印象を大切にしながら、商品の話をするのではなく、雑談から本人の様子をうかがい、角のない営業活動をするというものです。雑談から仕事ネタにつなぐ心の通うスキルは、コンピュータがどれほど進化しても、人間にしかできない仕事です。

法人営業は、自社の商品やサービスを企業に紹介する便利屋ではありません。その役割はインターネットの進化により、すでに終わっています。本来の役割は、過去の経験や実績から、営業としてできる価値を顧客目線で提言・提案し、その気持ちを届けることです。

毎日、新聞を読んで、経済の動向と社会の流れを把握し、その中で自分だからこそできること、つまり、あなただからこそ創造できる価値を見つけてください。そのためにも、周囲の意見に振り回されることなく、全体を意識した自分の立ち位置や自分自身を見つめ続ける習慣を身につけてください。

2　計画の立て方を見直す

(1)　「忙しい」という言葉は使わない

先日、ある営業マンと一緒に仕事をする機会がありました。顧客からの電話に臨機応変に対応し、目の前にある仕事をデキパキとこなす彼の姿は、傍目にはかっこよく見えました。そして、本人も、「忙しい、忙しい」と言いつつ、充実した雰囲気がありました。

しかし、仕事の内容を一歩踏み込んで見てみると、本人には失礼ですが、実はほとんどが営業本来の仕事ではないとわかりました。

要するに、「自分は顧客からたくさんの相談がくる人気者だ。しなければならない仕事が満載だ」と、周囲に評価してもらいたいのです。

日本人はあいさつ代わりによく、「本日は、お忙しいなか……」という表現を使います。私もよく使います。しかし、本当に「忙しい」と思ったことは一度もありません。たまに、「忙しいです」と本音で言っている人もいますが、何で忙しいのかよく聞いてみると、周囲に振り回されて自分を見失っているだけのように見受けられます。ですが、世間ではこういう人を「本当に忙しいんだな」と勘違いしていることが多いのです。

私が、この人は本当に忙しいんだなと思える人というのは、いつも笑顔でどこかにゆとりを持っています。ある中小企業の社長は、どう考えても忙しいはずなのに、そのような雰囲気は一切見せない。それどころか、どっしりとした安定感が漂っているのです。要は、「心の持ちよう」なのです。私はこの社長と話をするたびに、私もこのようでありたいと思うのです。

「忙」という字は見てのとおり、りっしんべん（立心偏）に亡くすと書きます。つまり、忙しいとは、「心を亡くす」ことなのです。顧客を支援する営業マンが、心を亡くしていい仕事などできるはずがありません。常に心がけておきたい言葉です。

(2) 仕事はつくるもの

営業に限らず、仕事というのはさまざまなところから依頼がきます。営業に限ってみても、顧客からの電話、上司からの指示、他部門への依頼事項などがあります。そして、これらはどちらかというと、「与えられるもの」という性格が強い仕事です。たとえば、「今日中にこの提案書を仕上げなければいけない」「顧客がすぐに来るように言っている」という具合です。確かに、営業マンというのは、本人の能力とは別に、追われる立場にあるのは致し方のないことです。

しかし、私は「仕事はつくるもの」と考えています。確かに追われているのは事実ですが、先回りをして追いかけるという気持ちを持たないと、精神的にもよくありません。時間管理をしながら先回りを意識して、仕事をする気持ちを持ってください。

(3) 営業の究極の仕事は時間管理

証券会社の営業管理職を対象にした研修での一コマです。参加者は皆、部下を数名持った、第一線でバリバリ活躍する営業課長です。私はさまざまな業種の営業研修を支援してきましたが、証券会社の営業はその中でも上位に入る厳しさだと思います。研修内容は、四半期単位でこれまでの活動内容を自問すること、部下をいかに育成していくのかについて考えること、というものでした。ある課長は、どこにどれだけの時間を使うべきか悩んでいました。それはもう、講師の私が驚くほど、とことん悩み抜いていました。

その答えを導く一番の近道は、営業の仕事の中で最も大切な仕事は何か、ということを思い出すことです。

それは、朝一番、仕事にとりかかる前に今日1日の予定をしっかりと組み立てることです。1日のしっかりとした活動目標と目的意識がないと、周囲にたくさんいる時間泥棒に貴重な時間を奪われてしまいます。目標意識がないと、集中力が高まりません。いつも私は、1時間単位でその時間割を作成し、達成度を常にチェックするようにしています。

第1章第3節(2)に登場したDさんはその後、毎朝、朝一番に絶対にしなければならない仕事には「◎」、その次に取り組むべくことに「○」というように、優先順位をつけて仕事をする習慣が身につきました。特に午前中は、自分が今しなければいけない◎に取り組み、顧客からの電話もとらず、「この仕事は何時までに済ます」と目標を立てて集中力を高め、時間当たりの生産性が向上してきたと評価されています。

仕事が終わったときも同様です。「今日も1日が終わった〜」と安堵するのではなく、自身の今日1日の達成度を振り返る習慣をつけましょう。場所はどこでもかまいません。自宅に向かう電車の中、帰宅後のお風呂の中、就寝前の5分でもかまいません。ぜひ、習慣づけてほしいものです。

何事も、1日の最初と最後が肝心です。

3　営業として提供できる価値を考える

(1)　自分の営業力を棚卸しする

皆さんの強みは何ですか？　営業マンはよく、顧客との商談の際に「御社のよさは……」と言いますが、言った本人が自分の強みを意識していないという例が見受けられます。まあ、自分のことはわからないものです。

もちろん、自信を持って自分の強みを言える人もいます。ですが、時の流れとともに、それが強みにならなくなっているケースがあります。

たとえば、提案書の作成が得意な人がそうです。パワーポイントを駆使して、基本フォームを修正しながら、見事な提案書を短時間で作成する人が結構います。しかし、提案の骨子は顧客の方針や時代の流れで大きく変わる可能性があります。たとえば、現状と課題をヒアリングでうまく聞き出せていなかったために、商品の説明提案の部分だけが完璧で、全体としては何の強みも持たない提案書になってしまったケースがあります。

時代とともに、強みもより確固たる力に進化させていかなければいけません。世の中にはたくさんの営業マンがいますが、どんなことでも完璧という営業マンは存在しません。

大切なことは、自分自身を定期的に棚卸しして、自身の強みを見直すことです。そして、それをさらに伸ばすために大切なのが、社内から「〇〇については△△さんに聞けば何でもわかる」と言われるように、ある分野で一番になる意識を持って営業に取り組む姿勢です。

あなたにも、営業マンとしての強みはあります。自分自身の固有のスキルや技術もしくはノウハウから、「あなただけの強み」をつくるのです。

(2) 自責で考える力強さ

自責と他責――読んで字のごとく「自分の責任」「他人の責任」です。私たちが常日頃、種々の活動をしていく中で、さまざまな困難に遭遇します。その困難に遭遇した原因（要因）を考える際、どうしても周囲のせいにしたがります。上司が悪い、部下が話を聞いていない、客が買いたいと言っている商品がない、会社が悪い――とのつまりは、世の中が悪い。とんでもない話になってしまいますね。

周囲のせいにしても、問題解決にはなりません。「もし、時間が巻き戻るならば、自分はどの段階でどうすべきだったか？」と、客観的な視点から振り返る必要があります。そして、その際には必ず「自責」で考える習慣をつけるのです。

営業マンのSさんの話が参考になるので、紹介します。

Sさんとのご縁は、私が彼の同行営業を行ったことに始まります。その際、A社から大きな商談を受注することができ、それがSさんの大きな自信になりました。未来のSさんがいい思い出の1つに数えてくれてもおかしくないはずの出来事です。それなのに、2年ぶりに再会したときの彼は、あまり元気がなく、私の視線を避けているような感じでした。様子がおかしいので、その理由を問いただしてみると、A社は再び他社のユーザーとなり、Sさんは失注したということでした。
Sさんは6年くらいの法人営業経験があります。営業マンとしての型ができており、本人も自信を持っていました。なのに、なぜ？

「他社からの値引き攻撃が厳しく、失注した……」

「それは絶対に違う！」

私は、Sさんの言い訳を遮るように、強い口調で言いました。A社の社長の性格、企業の体質、事業の実績を鑑みると、A社は値引き攻勢にやすやすと流されるような会社ではありません。私は彼に、こう断言しました。

「あなたが社長に対して、タイムリーな情報提供と意見交換ができていなかったことが敗因だ」

この会社の社長は、非常にワンマンでした。即断即決の人で、普通の神経を持った営業マンだと、まず引いてしまうタイプです。社長から「○○の件は弟の常務に話してくれ」と言われたSさんは、ほっとして、常務の温かい応対に甘んじていたのです。

もし、時間が巻き戻るなら、「△△の件は社長が担当と思っていますので、ぜひお時間をください」と、誠意を持ってお願いするべきだったのです。そうすれば、社長はしっかりと話を聞いてくれる人です。安易に甘い方向で妥協してしまったのが、最大の失注の要因です。

私はそう説明し、Sさんを叱咤しました。

「勝ちに不思議な勝ちあり、負けに不思議な負けなし」とは、松浦静山の剣術書『剣段』からの引用です。失注した原因は、必ず自身の営業活動の中に潜んでいます。

(3)　営業マンとしての主義主張を持つ

生命保険の営業マンとして精力的に活動しているUさん（女性）の営業活動を紹介します。彼女も私が支援をした営業マンの1人です。彼女は現在、「法人向けの営業」から「個人向けの営業」に職種が変わりましたが、終始一貫してある主義主張を持って営業活動をしています。それは、

「あなただけが顧客ではありません」

というものです。

営業はとかく、面談者に気に入ってもらえるように商談を進めがちですが、過度なお世辞やとってつけたような美辞麗句を並べることは、逆効果になる可能性が高いです。もちろん、商談として時間をとってもらっていることに対する礼儀は必要不可欠です。しかし、お世辞やおべんちゃらは禁句です。

大切にしてほしいのは、自分自身の営業スタンスにしっかりとした主義主張が備わっていることです。100社担当したら100社から気に入られようと思ってはいけません。そんなことをすると、自分の営業スタイルが壊れてしまいます。自身の価値観から優先度をつけて、誠意をつくしながら自分軸をくずさない営業活動を心がけるのです。

100社の中には営業マンと意見の合わない会社もあり、自然と離れていく企業もあります。おそらく、10社くらいはあるでしょう。でも、それでかまいません。すべての顧客を守るのは無理です。大切なのは、10社失っても20社を新規開拓するという姿勢で取り組むことです。市場にはたくさんの会社があります。その中の20社ですから、決して難しくはありません。

第1章第2節(1)で考えない営業マンとして登場したAさんも、ご用聞き営業から自身の考えをしっかりと話す営業に成長していました。理由は簡単です。営業活動の中で常に自分の意見を顧客にぶつける、その中から信頼を得られた顧客と考え方の合わない顧客を振り分け、毎月顧客の棚卸しを実施して、活動の優先度を考えることを習慣化したからです。Aさんは今、顧客ごとにどんな営業活動をするのか、訪問頻度、1回当たりの訪問時間、訪問時に伝えること・聴くことを明確にして、主体性を持って活動しています。

自身の営業活動の主義主張があってての顧客であることを決して忘れてはいけません。

(4) 営業としての専門性を追求しよう

営業マンが自身の強みをつくる大切さを説明しましたが、これはあくまでも個人としての強みです。この強みを具体化させるために、営業マンとしての専門性の追求をお勧めします。営業活動には、最初の電話での訪問アポイントから受注・納品に至るまで、さまざまな活動ポイントがあります。飛び込み営業が得意な人、ヒアリングから課題形成までの論理的な展開をきっちりとまとめることが好きな人、提案書を効率的に作成する能力のある人など、さまざまです。

この営業プロセスの中で、どのような専門性を高めていくのかを考えてください。そして、その能力を時流に合わせて高めていくのです。1ヵ月後もしくは6ヵ月後の目標（売上目標ではありません）を設定し、自信のある営業活動につなげていくのです。すると、いずれその分野のスペシャリストとなります。

A社の大きな失注で自信をなくしてしまった、先ほどのSさんは今、「原則、社長に会う」営業を展開し、「自身の専門性を出せるのは課題形成力である」と信じて、専門性を高めています。そして、A社については、「社長にシステムの話をする」「2年後に再び弊社の顧客に戻ってきていただく」ことを目標に、営業活動をしています。A社の失注は、彼を驚くほど成長させました。

営業プロセスの中のどこでもかまいません。自分の強みを基本とした専門性をどこまでも追求する中から、自信のある営業活動ができるようになっていきます。それは、営業職だけではありません。自分の専門性を追求すればするほど、その中からきっと自身の強みの芽が顔を出し、一皮むけたビジネス活動ができるようになっていくと信じてください。

(5) 売り手としての価値をつくる

皆さんに質問です。「売り手」と「買い手」の違いを1つあげてください。

何をあげましたか？　最も簡単な答えは「売る人と買う人」ですね。営業経験がそこそこあればこれで意味が通じると思いますが、そうでない人のために説明すると、「売り手には、商品やサービスを買ってほしいという思いがあるので、立場が弱い。買い手のほうが強い」という意味です。確かに、一理あります。私も営業マン時代に顧客から、「最後は売り手と買い手の論理だ」と頭ごなしに言われ、無理をきかされた記憶があります。

確かに世の中、営業マンが「買ってください」と顧客を訪問しても、顧客が「売ってください」と営業マンを訪問することはありません。スーパーにはお客が買い物に行きますが、決して、「買わせていただき、ありがとうございます」とは言いません。店がお客を「いらっしゃいませ」と迎えて、「お買い上げありがとうございます」と送り出します。

確かに買い手は立場が強い。だから、買い手は常に自分の考えが正しいという主張を貫いて、売り手に迫ってきます。法律上は、売り手も買い手も立場は対等なんですけどね。

それはさておき、私は法人営業に限定した場合、売り手と買い手には2つの違いがあると考えています。

1つは、「売り手は武器の使い方を知っている」「買い手は武器の使い方を知らない」ということです。ここで言う武器とは、営業マンが扱う商品やサービスを意味しています。

たとえば、スーパーの例で見てみましょう。今日入荷した刺身の食べ方は、確かに主婦もよくご存じでしょうが、それよりも、その魚をさばいた店のほうがよく知っているはずです。

私がサラリーマン時代をすごした情報処理業でも、同じことが言えます。特に、最近のスマートフォンやタブレットは機能が多すぎで、ビジネスとしてどの機能をどのように使うのが一番効果的なのか、買い手にはなかなかわかりにくいものです。加えて、これだけ技術の進歩が速いと、どのタイミングで購入するのがいいのか、ここはプロの意見を聞くに越したことはありません。

最近はインターネットの進化により、確かに顧客（買い手）が、営業マン（売り手）よりも先に情報を収集していることがあります。しかし、営業マンが自ら得た情報を顧客にわかりやすく翻訳し、かつ、有用な形に組み立てた情報とは大きな差があります。さらに、営業マンの翻訳方法や組立て方によって、その差が歴然と出てきます。

買い手は自社の中での過去の使用方法を基本に考えるので、視野が狭くなってしまうのは仕方のないことです。

2つめの違いは、売り手は顧客を客観的に見る立場にいることです。営業マンは、顧客の環境を客観的に見ているのです。たとえば、顧客は今後どんな方針を持って事業を拡大していくのか――この方針を営業マンは外野席から見ているので、客観的・大局的に意見を言うことができます。

もちろん、営業マンの意見がどれだけ的確な内容であるかはわかりません。しかし、優秀な経営者であればあるほど、営業マンの意見に耳を傾けてくれます。表現を変えると、営業マンはその会社のコーチやアドバイザーのような役割を担っているのです。

法人営業マンが優秀で、よくアドバイスができる人であればあるほど、顧客からの期待は高まっていくものです。

営業マンには、確かに、商品やサービスを買ってほしいという引け目がどこかにあります。顧客の中には、営業が何を言っても、「しょせん、売りたいためでしょ」と言う人もいます。

しかし、法人営業マンは、顧客に的確なアドバイスをする、外部の専門アドバイザーなのです。ぜひ、自信を持ってほしいものです。

(6) 意識を変える言葉をつくろう

売り手としての価値を見出すことができたならば、次に営業マンとして、これからの営業活動を変えていく言葉を考えてみてください。

たとえば、第4章第3節(1)で紹介した雑談のできないKさんは、商談の最初に「お仕事の調子はどうですか?」と聞いてみることで、営業活動に大きな変化が見られました。これは、訪問時に顧客の周囲を見て話すというセンスを磨くことから意識を変えた例です。

私はこの言葉を「キーノート」と呼んでいます。キーノートは、センス、スキル、メンタリング、ミッションサーチのいずれかに含まれた内容で、彼らに理解しやすい言葉として表現します。また、仕事に取り組む際、まず意識してほしい点という意味も含めています。

どこが最初に意識するポイントなのか。それは、営業マン個々によって異なっており、十人十色です。いくらやる気があっても、センスやスキルがなければ、営業活動は空回りをします。センスやスキルがあっても、やる気の出ない心境だと、実力に合致した成績は期待できません。

自身の意識を変える言葉は、周囲の人たちの意見やアドバイスをもとにつくっていきます。そして、本人の意識がこのキーノートで高まることが認識できれば、机の上に貼って、呪文のように唱えるようお願いしています。

私は数百人の営業マンとの面談や同行支援を通して、彼らの性格や強みに配慮しながら、彼らのキーノート一覧表を作成しています。その一覧を俯瞰してみると、たくさんの支援経験の積み重ねから、彼らを変えるキーノートがなんとなくわかるようになってきました。

(7) 最後は自分との闘い

これまで、法人営業マンのモチベーション向上方法や、営業活動の管理手法について説明してきました。どんな人でもどんなことでも貫き考えぬくと、私はその分野での専門家として育っていくと信じています。私も、まさか自分が「コンサルティング営業」を通じて企業や人材の育成を支援していく立場になるとは、思ってもみませんでした。

自社の商品を売ろうと思えば思うほど、顧客が逃げていくことも経験しました。商品を売るのではなく、顧客の側から見て、自社の商品・サービスがどのようにお役に立つことができるのかを考える。これは一見、遠回りに見えるかもしれませんが、実は自分を育ててくれる近道なのです。

営業マンとして苦しくなったときは、トコトン自分の中から法人営業マンとして何を生み出すことができるのかを考えてみてください。その中に必ず答えがあると信じてください。どうか、あきらめないでください。自身の営業スタイルを見つめながら前を向いていると、道は必ず開けてきます。

営業マンができる大きさ感を自らが理解しましょう。できること、わかることを理解しながら、身の丈に合った活動を目指すことが信頼を得る第一歩です。

営業マンには、経営者と会話をする際に構える人が多いです。何を話せばいいのかわからない、相手の機嫌を損ねたら商談がつぶれるなど、不安に思う人が多くいます。営業マンは、商談相手が経営者だから経営の話をしなければいけない、などと考えてはいけません。自分にいらぬプレッシャーを与えるのではなく、もっと軽い気持ちで考えたほうがよい結果を生むかもしれません。

経営者がこれから会社をよくしていくために何を求めているのか、私はこの顧客から何を求められているのだろうか、と常日頃から考える習慣をつければいいのです。そうすると、自然に経営センスが養われてくるものです。

まず、顧客の置かれている環境を理解するようにしましょう。そのうえで、何が提案できるのかを考えます。それは、仮説を立案して提言を行うソリューションなのか？　もう1つ上から顧客目線で見たコンサルティングを目指すのか？　自身の営業力を振り返りながら、これから目指す方向性やステージを考えてください。答えは自分で出すものです。助言はあっても、だれも教えてくれません。

最後は自分との闘いです。

【第9章】

コンサルティング営業でよみがえる経営力

1　営業マンの能力に依存しない組織づくり

(1)　コンサルティング営業を組織として補完する仕組みづくり

営業力の強化はいつの時代も企業にとって欠かせない重要な課題になっています。すばらしい商品を開発しても、売れなければ絵に描いた餅です。

ここでは、企業がコンサルティング力を使って商品・サービスを販売する際に、考慮しなければならない2つのポイントについて考えていきます。

消費者の安全・安心に対する営業マンの役割

マーケティングの4Pとは、マーケティングの基本的なフレームワークである、商品(Product)、チャネル(Place)、価格(Price)、プロモーション(Promotion)のことです。企業は、開発した商品(Product)を、どんなチャネル(Place)を活用して、どんな価格(Price)戦略で、どのようなプロモーション(Promotion)を行っていくのが、最も効率的・効果的な販売方法であるかを検討し、4Pのどこにどれだけの現有経営資源を配分するか、市場の環境を鑑みながら意思決定をしていきます。

ここでは、商品（Product）に関する営業の役割について、コンサルティング営業の視点から説明します。

われわれが販売する商品は、いつの時代も１００％完璧を目指して製造・販売していますが、残念ながら、現実はそうではありません。自動車業界ではリコール、食品業界では不純物混入といった事件が後を絶ちません。それでも企業は、利用者の安全・安心に向けて完璧を目指します。

国は、消費者の安全・安心を確保するために、法的な対応策を実施します。たとえば、食品の場合には、食品衛生法や食品表示法などで消費者の安全を守るようにしています。

しかし、私にいわせると、これだけでは不十分です。最終商品として顧客に満足を得てもらうために、営業マンが果たすべき役割があると考えています。

具体的な例を見てみましょう。私がサラリーマン時代の話です。

上司が新入社員の私に言いました。

「われわれが販売する商品は、３本の脚しかない椅子のようなものだ」

冗談ではありません。私は反論しました。

「脚が３本しかなければ、座れるわけがありません。そんな商品を売るのは詐欺です」

「4本めの脚は、われわれ営業が顧客に合わせて一緒につくるものだ。本当にその人の体形に合わせてつくることができれば、既製品の商品ではマッチしない、オリジナルの椅子をつくることができ、付加価値が向上する」

上司のこの言葉は、私の心に深く刻まれたようです。30年以上経った今でもはっきりと覚えています。

4本めの脚とは、たとえば、次のようなものです。既製品のスーツは、袖やすその丈を本人の体格に合わせて調整します。クラウドで活用するソフトウェアは、企業の特性や業務の流れに応じて、既存のパッケージ商品に手を加えて使いやすいようにプログラムを修正します。この手を加える行為が4本めの脚であり、まさしく営業マンの出番なのです。

コンサルティング営業推進指南書

手を加える際に重要なのが、営業マンの能力です。コンサルティング営業を実現するためには、当然ながら、この要素が大きなウエートを占めてきます。スーツやパッケージソフトという商品に、販売員や営業マンがどのような手の加え方をするかによって、顧客の満足度が大きく変わってきます。

企業にとって、顧客への満足度が個々の営業マンの能力に依存してしまうのは、大きな問題

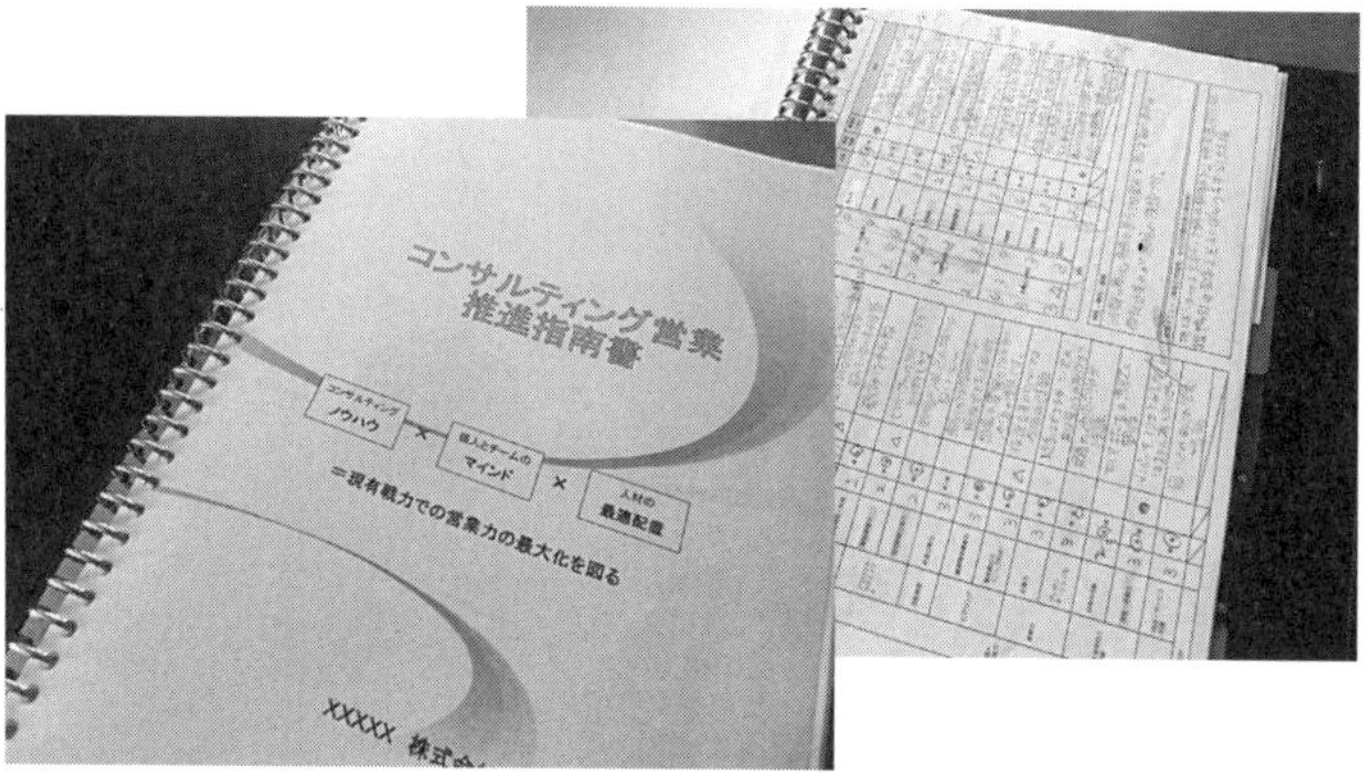

です。そのため、商品の適用度について会社としての基準となる物差しをつくり、営業マンの育成と社内の標準化を図ることが大切です。この内容を社内で体系化し、文書化した指南書がコンサルティング営業を進める際には求められます。私はこれを「コンサルティング営業推進指南書」（以下、推進指南書）と呼びます。

ただし、誤解しないでください。推進指南書は、マニュアルや仕様書、ガイドブックとは主旨が異なります。マニュアルは、あくまでも、社内の業務内容を社員が画一的に実施するために、あるいは、新入社員を即戦力とするために作成された冊子です。仕様書は、業務の流れを中心としたシステムを理解するためのものです。

推進指南書は、営業マンが単なる物売りからの脱皮を図り、社内の商品やサービスに付加価値をつけ、コンサルティング営業ができるようになるまでの方向性やその達成度を支援する冊子です。これは、営業マン1人ひとりに、センス、スキル、メンタリング、ミッションサーチの4つの要素を通じて、自身のこれからの伸びしろを提示するバイブルのようなものなのです。

経営の視点で説明すると、営業マンをコンサルティング営業へと導き、彼らの生産性を向上させる仕掛けということになります。コンサルティング営業のできる営業マンとしての伸びしろを意識させながら、組織として、全体最適を検討する際の基礎情報を、推進指南書という冊子に整えていきます。

(2) 推進指南書で変わる営業マン

Aさん（第1章第2節(1)）とKさん（第4章第3節(1)）はその後、私が驚くほど成長し、現在はある部門を任される責任者になりました。その後、Kさんは転勤になりましたが、現在は管理職として大きな部署を任されています。社内の昇格試験もすべてストレートで合格し、まさに飛ぶ鳥を落とす勢いで成長しました。

彼らは当初、取り扱っていた商品そのものに魅力があったので、営業活動をしなくても売上目標を達成していました。彼らは目標が達成できるので、「自分はできる」「自分は優秀」だと大きな勘違いをしていました。

本来の法人営業の仕事とは何なのか、上司や先輩からの指導を受けるだけではなく、自身の根底にある「やる気」を見つめ、推進指南書に記載されたセンスやスキルのガイドラインと照らし合わせながら、自分で這い上がってきました。そして、這い上がる中から、自身の営業としての強みに気づき、気づきの中から自分の専門性を磨き、それが営業活動の緊張感と売上目標に向けた充実したビジネスライフにつながっていったのです。

年に数度、彼らと面談する機会があります。そのたびに、数年前の研修時のメモや、私的な出来事も含めて、彼らのやる気の源について話をしてくれます。大きな商談が決まったうれしい話もあります。ですが、なかには離婚しましたという報告もあり、その際の返答には戸惑いを隠せません。

それはともかく、彼らは、研修で作成したキーノートや顧客の前で宣誓したたった1枚の紙で意識が変わり、成長したことだけは間違いありません。推進指南書は、このようなキーノートや宣誓文のエキスを会社として明文化し、新たな付加価値をつくってくれるのです。

(3)　推進指南書がもたらす効果

推進指南書を通じて、組織に新しいエキスをもたらす効果をもう少し、具体的に見ていきます。

「コンサルティング」に向けた伸びしろを意識させる

①　Vさんの場合

Vさんは私の受講生で、定期的に私との面談を行っています。会うたびにスキル・センスともに向上し、社内でも成績は優秀です。前回の面談の際、彼が決めたキーノートは「長期案件の発掘」でした。

彼は、目先の商談についてはほどなく成果を上げるのですが、顧客に対して受け身になる傾向があるため、「顧客の先回りができる営業活動」への挑戦が彼の伸びしろでした。このキーノートを実現するために採った方針が、「役員の方への面談」と「たくさんある案件を効率的にコントロールする」でした。

ここで、第1章で説明した図表1-1を思い出してください。Aゾーンは目先の仕事、Cゾーンは長期的な視点に立った仕事です。私は第1章で、Aゾーンにとどまることは営業マンにとって恐ろしいことであり、Cゾーンに向けて意識を向上させることが大切であると指摘しました。Aゾーンで成績優秀な彼がそれに固執することなく、Cゾーンのコンサルティング営業に脱皮したのは、推進指南書を用いた面談を続け、ステップを1つひとつ上ってきた結果です。

②　指南書の研修での活用

研修の際、ある営業マンが自身の営業活動についてプレゼンテーションを行いました。内容は、法人営業のこれからに関するもので、今後の顧客のあるべき姿とそれを実現するための彼の営業活動の報告です。彼がプレゼンをしている間、これを聴いていた営業マンたちは、彼の活動報告を聞きながら大きな刺激を受けていました。彼がコンサルティング営業に取り組み、現在の売上実績を上回る大きな成果に向かって着々と前進していることがわかったからです。

通常の研修ではこの後、他の営業マンたちは、「あいつは優秀だな〜」で終わりです。つまり、あいつは俺とは違うんだと、熱くなった鉄がすぐに冷めてしまうのです。ところが、推進指南書には、この熱くなった鉄をたたく効果があります。

指南書には、営業のセンスやスキルがいくつかのレベルに分けて示されています。私はプレゼンの後、プレゼンターの有しているスキルやセンスがどのレベルにあるのかを明示します。そして、プレゼンターと他の営業マンの差がどこにあるのかを明確にして、営業としての伸びしろを理解してもらうようにしています。

その後、個別のメンタリングを行います。メンタリングは1回限りではなく、そのつどキーノートを推進指南書に書き込み、1つひとつの実践を積み上げてキーノートを体系化していきます。他の営業マンがどんな意識を持って活動しているのか、全体研修や個別面談などでの結果を踏まえながら、指南書を基準にまとめていきます。

この過程で営業マンの多くが自分の立ち位置に気づきます。そして、プレゼンターと自分の間に能力的な断絶があるわけではなく、自身の伸びしろを理解し、目標を掲げて取り組めば、自分もプレゼンターと同じレベルにもそれ以上にもなれることに気づくのです。

また、会社は、推進指南書によって、営業マン1人ひとりの立ち位置を明確にし、営業マンの全体像を把握することができます。効果的な営業戦略立案の基本資料になるわけです。

達成度を把握する物差しにする

たくさんの営業マンと接してきて、1つ感じることがあります。それは、「できていないと思っている人ほどできている」「できていると思っている人ほどできていない」という現実です。

私はできていない理由をズバリ言うことはしません。商談後の振り返りや、営業という仕事が何かを考えていく中で、営業マン自身が気づくように促します。しかし、多くの営業マンは自身のできていないことや理由について、「あのときはたまたまうまくいかなかったのだ！」と、本当はできていると思い込んでいます。

「できている」「できていない」に対して、標準的な物差しを用意してくれるのが、推進指南書に盛り込むガイドラインです。これは、コンサルティング力を高めていくためのセンスやスキルについての詳細項目を記したものです。営業マンはこれを用いて、自身の能力判定を行います。何ができているのか、何ができていないのかを自省しながら、判定結果を推進指南書に記していきます。また、人事考課の際は、上司の評価や外部のメンタリングを通じて、ガイドラインに記載された文言を意識しながら、自身の営業活動などで見られる客観的な事実を加えていきます。

これらのステップを通じて、ＰＤＣＡで疎かになりがちなＣ（チェック）をより確かなステップにしていき、次の伸びしろ課題を明確にしていきます。

推進指南書は、気づきの広がりをもたらしてくれるバイブルとして活用することができるのです。

営業マンが壁にぶつかったときの気づきを提供する

営業活動ではときに、営業マンの営業努力とは全く関係のない理由で失注することがあります。それは、政治的要因や取引先の関係などが考えられます。私も営業マン時代に失注で大きく落ち込んだものです。そのはけ口をお酒に求めたり、関係のない人に八つ当たりしてしまう傾向がありました。目標が達成できなかった年末は、ただただ落ち込むだけの自己嫌悪の塊でした。しかし、そのような対応では、何の問題解決にもなりません。ここは、自分が原点に戻れる、何かの拠り所をつくってほしいのです。

私は現在、人材育成・目標達成支援をする立場にいます。営業マンが落ち込んでいるときは、過去の経験から彼らのよかった内容を見つけ、人と人の接点から法人営業マンとしてのこれからの伸びしろについて、アドバイスをしています。そして、そのアドバイスの内容は、推進指南書の内容を基本にするようにしています。そうすると、営業マンは常日頃の営業活動で忘れていた大切な気づきに触れることができ、原点回帰ができます。

私が営業マン時代に、このような気づきに触れる機会があれば、気分一新できたと思っています。今、それを支援という形でできることをうれしく思っています。

人事評価制度につなぐ情報を提供する

中堅・大企業には体系化された人事評価制度があり、営業マンに対する評価は当然、売上達成度に応じて行います。しかし、このような定量的な評価だけでは、営業マンを目先の仕事に駆り立てかねません。

推進指南書には、コンサルティング営業としてのスキルやセンスの達成度がどの程度なのかという、定性的な評価の指標となる情報が盛り込まれています。企業によっては、指南書のガイドライン達成度をそのまま人事評価指標として導入しています。

たとえば、センスのA項目を取得できると毎月資格手当を支給する。コンサルティング営業で内容のすばらしい提案書を作成した者には、報奨金を支給し、その事例は共有化する。そのような例があります。

これらは、営業マンのやる気の源泉の1つになることは間違いありません。そして、営業マンどうしの、あるいは、部門間の競争原理を機能させ、1人ひとりの成長を促します。このような目的でも、推進指南書は営業部の人事評価制度の一部として活用されています。

2　コンサルティング力で経営体質を強化する

(1)　時代は個人からチーム営業に

チーム営業の2つのスタイル

営業マンは、原則1人で営業活動をしています。しかし、商材や商談の規模によっては、営業マンがタッグを組んで営業活動を行ったほうが、効率的な活動ができる場合があります。

1人のデメリットはさまざまです。たとえば、営業マン1人の活動には限界があります。加えて、1人で考えていると、本人の成長にも限界がきます。成長とともに自身の弱みが露呈してきます。複数の商談が重なり、仕事に追われてきます。人間なので、病気になることもあります。

そのような際に、上司や先輩を頼るのはもちろんですが、チーム活動を通じて同僚や後輩と共有化ができれば、営業活動を滞りなくできるのです。

私が支援するチーム営業には、2つのスタイルがあります。

①　1社を複数の営業マンが担当する

1つは、大手企業1社を複数の営業マンが担当し、個々の営業マンが部署ごとにアプローチし、その結果を共有して1＋1＝3の営業を目指すというスタイルです。

たとえば、システム商材であれば、アプローチ先を「情報システム部門」「現場である利用部門」「役員」などに整理・分類し、個々の得意分野を考慮して営業マンに担当を割り振るのです。そして、訪問結果を相互共有し、大きな営業を効率的に実施していく戦略をメンバー全員で考えていきます。

②　業種を対象に一斉に営業を展開

もう1つのスタイルは、ある業種に対して、共通のアプローチツールや提案書を作成して、営業マンが一斉に活動を行うというスタイルです。時代の変化に合わせた新しい提案書を作成して、営業マンが分担してアプローチを行い、結果を共有し次の営業活動を考える。このステップを繰り返していく中から、1人では成し得ないチームワークと目標共有を図る活動が実現できるのです。

いずれのスタイルでも、営業マンは孤独という寂しさに苛まれることなく、チームによる団結心を通じて、互いに刺激を与え合う営業活動を実現する有効な方法です。

チーム間競争と表彰制度

企業がチーム営業を推進するうえで取り組むべきことは、チーム間競争による切磋琢磨と表彰制度を考えることです。

① チーム間競争

効果的なチーム間競争を促すためには、各人の役割とチームの特徴を明確にする必要があります。企業としてのチームの分け方、チームに期待する役割とチーム内でのフォーメーション、これらをどのような営業マンで構成し実施していくのか、青写真を描かなければいけません。

ある会社では、3つのチームを編成して営業活動を行い、期初・中間・期末の年3回、全チームが活動内容と成果を発表する報告会を実施しています。これにより、チーム間での情報共有が行われるほか、チーム間の競争原理が働きます。

各チームは活動内容に特徴を持たせ、チームのあるべき姿と目標、そしてチーム内でのポジションと役割を明確にしていきます。

ポジションはメンバー個々の得意分野を考慮して決めているほか、営業活動に刺激を持たせるために、個性豊かなポジション名をつけて営業活動を行っています。たとえば、電話のアポイントが得意な営業は特攻隊長、提案書をまとめるのが得意な営業には提案大佐といった感じです。

このポジションに応じて大まかな役割が生じてくるわけですが、これを明確にしていきます。その際、重要なことは、単に個々人が得意分野を生かしてバラバラに動くのではなく、チーム力を最大限に発揮して最短距離で目標に到達するために、全体最適化された役割分担を考えることです。これによってメンバー個々のミッションも明確になるほか、メンバーのセンスやスキルの単なる合計ではない、それ以上の力を発揮できる体制を整えます。

そして、具体的な行動計画を立て、お互いがお互いをチェックする仕掛けを設け、甘えを許さない営業活動が推進できるようにしています。

②　表彰制度

表彰制度も同様です。私もサラリーマン時代にたくさんの表彰を受けました。最初、私は優秀なのだと大きな勘違いをしていました。表彰の本来の目的は、営業マンのモチベーションを高め、次の飛躍につながる節目を与えることです。

営業マンをコンサルティング営業へと促すために実施した企画に、「ソリューション営業提案コンテスト」があります。私は、実施の企画から当日のファシリテート役を支援しました。最も留意した内容は、彼らの評価基準です。顧客状況の把握力や、営業マンとしての学習効果、新規性やオリジナリティがどれだけ盛り込まれているかが基準でした。また、経歴の長い営業マンほど有利な企画なので、若い営業マンのモチベーション対応が最も重要でした。

当日、予選から勝ちぬいてきた精鋭の営業マンが10分間のプレゼンテーションをする顔には充実感がありました。彼らが大きな飛躍をする瞬間です。

マンネリ化しがちな営業活動の中で、チーム対抗コンテストや表彰制度を通じてモチベーションを高めていくことは、企業経営における社員への刺激となっていきます。

(2) 組織としての全体最適を考える

コンサルティング営業の組織を構成・推進していくと、いずれ、組織の全体最適を検討する必要が生じます。

具体的には、経営者が組織として、チーム・個人活動を含めて、どのようなフォーメーショ

図表9−1　マッピングの例

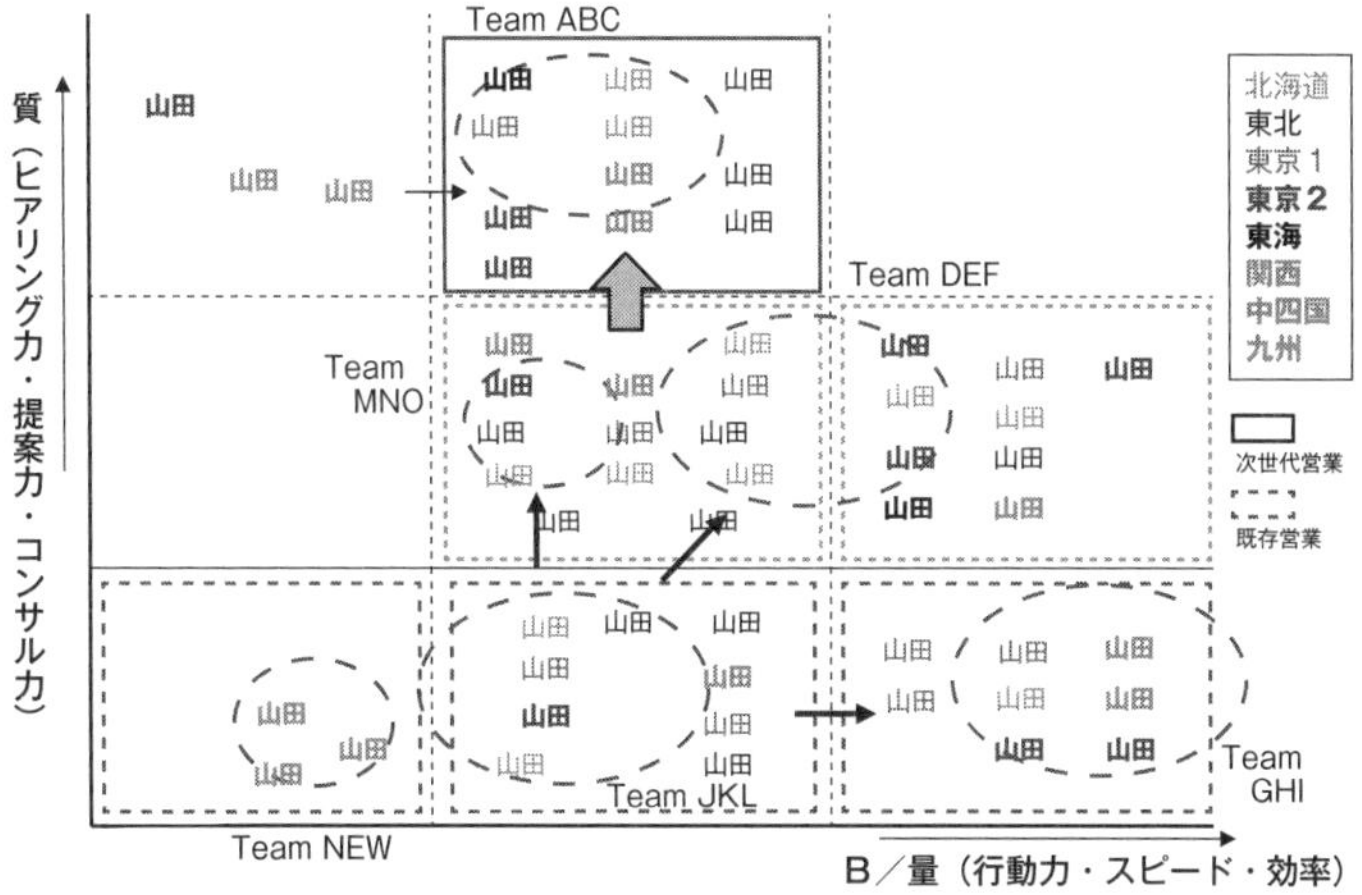

（注）実際のフォームは地域や組織をカラーでマッピングする。

ンを組むと最も生産性の高い営業活動ができるのかを考えることです。これまでは組織図を基準に検討するのが一般的でしたが、それでは個人の能力を配慮できません。

営業マネジャーは常日頃、営業マンとコミュニケーションをとりながら、彼らの伸びしろを意識し、推進指南書からそのセンスやスキルのレベルが見えてくると、組織全体としてのマッピングを考えていかなければいけません。図表9−1は、そのマッピングの例です。縦軸はコンサルティングの質の部分での評価、横軸は訪問数など量の部分です。

既存の営業スタイルに固執する営業マンがいて、コンサルティグ営業への転換が難しいことがあります。その場合、今の訪問件数を2倍にするなど、一刀両断の方針転換から実施していきます。目標は、営業マンのコンサルティング営業としての質を高めていきながら、訪問件数（担当する顧客数）をどれだけ増やすことができるかです。

このように、個々の能力とこれからの伸びしろを全体で俯瞰していきながら、最適なチーム編成や個人の能力を高めていく努力が必要です。

(3) 社会で通用するコンサルティング力

企業での平均勤続年数は毎年下がっています。かつては、終身雇用・年功序列が一般的で、大企業に勤めることが安定・安心の源でした。今はそれが完全に揺らぎ、新しい仕事の仕方が模索される時代になりました。

私が就職活動をしていた時代は、「寄らば大樹の陰」ということで、大企業への就職を希望する学生が多く、同期の多くは大手の電器メーカーへの道を選びました。

その後、日本を代表する商社、都市銀行、そして電器メーカーも吸収合併で事実上の事業閉鎖を見て、「まさか」が「現実」になっていることはご存じのはずです。

このような企業の看板で働いていた人たちが、その看板の大きさに安堵し、安心が知らぬ間に甘えに変わっていくさまを、私はたくさん見てきました。そして、今でも、その大きな看板にすがる営業マンを見ています。彼らには、利用できるものは何でも利用しようという意気込みで、自分の能力を発揮するための看板として活用してほしいのですが、どちらかというと、完全によりかかっているという状況が多いのは残念なことです。彼らの多くは、企業から退職勧告を受けたときに初めて、自分に社会で通用するどんな能力があるのかわからないことに気づきます。

私は幸い、外資系の会社しか経験していないので、軒を借りて仕事をしても、軒にぶら下がったことはなかったと思っています。

欧米では、何度も転職をしながらキャリアアップしていくことが、会社も個人も幸せであると認識されています。日本のサラリーマンにも、職種を問わず、そのような認識になってほしいと思っています。

サラリーマンとして頑張る営業マンに、私はたった一度限りの研修の場で、「あなたはいつ、今の会社を辞めますか?」という質問をよくします。会社の中での上司の評価や待遇ではなく、社会という物差しから見て、どれだけの実力を伴っているのかを改めて認識してもらうことが目的です。

企業の軒の大きさに甘えることなく、「コンサルティング」という自分にしかできないノウハウに自信を持って、社会で通用する立派なビジネスマンになってほしいと痛切に願っています。

(4) 経営力は営業マンのコンサルティング力で決まる

営業という部署は、組織の中で重要な柱であることは間違いありません。この柱を営業マンに依存しないように、企業は組織としての確固たる「仕掛け」や「仕組み」をつくっていかなければいけません。

企業は人なりと言いますが、組織の成長という視点から見ると、「この顧客はあの営業マンでなければ務まらない」というのは、愚の域にあります。

私も、顧客からの要請で再びその顧客の担当に戻る出戻り営業マンの経験がありました。当時は、浮かれた気分にもなりました。自分でなければ、この会社の担当は務まらないのだと。しかし、今思えば、それは不幸なことです。私の後任の担当営業マンは、自身の力不足を感じて落ち込み、私は自分が優秀だと大きな誤解をしたわけですから。

営業組織の柱である営業マンを幸せにする。組織として営業マンの能力に依存しない体制を構築する。この人と組織の2本柱を同じスピードで積み上げてこそ、経営は盤石なものになるのです。

これからの時代、営業マンに求められる能力は、「コンサルティング力」です。時代の先を読む訓練を習慣化し、顧客のお役に立つためにできることを1人ひとりの営業マンが考え抜く。「お金」という対価のためではなく、自分の人生のために考えるのです。私は、営業マンとしてこれに勝る指針はないと断言します。

経営者は、このような意欲のある営業マンの育成を通じて、事業を推進できる組織を構築する。私はこのような会社が、1社でも多く生まれてくることを心から願っています。

おわりに

世の中に「営業学」という学問がないことを、私は残念に思っています。無理やり表現すると、（経営学＋心理学＋経済学）／3という感じでしょうか？

営業マンは原則、経営者と商談をするので、経営学の知識が必要です。商談相手は人間なので、受注を目指すために相手（顧客）の心理を読むことが大切です。そして、時代の流れに合わせて、どの業種もしくはどの企業を重点的に営業するのか、その目利き力となる経済学が求められます。

しかし、営業ノウハウを体系的に学ぶことはできません。多くの営業マンは先輩や上司から教えてもらいますが、その環境は人によって違います。そのために、営業マンは自己流の営業活動になってしまい、結果、「物売り営業」から脱皮しない人をたくさん生み出しています。

決して、「物売り営業」がだめだと言っているわけではありませんが、できれば営業マン個々の個性を生かして、付加価値のある活動をしてほしいと思っています。発想をほんの少し変える、日常の中にほんの小さな一歩を刻む、それによって、コンサルティングができるすばらしい営業マンの未来を切り拓くことができるのです。

本書は、同友館の鈴木良二氏のご支援を得て、刊行に至りました。非常に感謝しています。

私はこれまでに、たくさんの顧客から学ばせていただき、現在の自分があると思っています。最初にご指導をしてくださった日本NCR株式会社時代の上司・先輩に始まり、たくさんの営業支援の機会を与えてくださった企業の皆様の賜物であると感謝の念に耐えません。

独立して15年、SOHOとして陰ながらずっとご支援をしてくださる小川陽子さん、そして出張続きの私に代わり、いつも自宅を守り、心の支えとなってくれる最愛の妻吉美に心から感謝いたします。

「コンサルティング営業は、企業体質を変えてくれる」「営業という仕事はすばらしい！」と、1人でも多くの経営者・営業マンが感じてほしいと心から願っています。

ありがとうございました。

大森　啓司

■著者紹介

大森　啓司（おおもり　けいじ）

有限会社アクトコンサルタント　代表取締役
中小企業診断士、上級システムアドミニストレーター（現ＩＴストラテジスト）、兵庫県立大学大学院経営研究科客員教授
◎「営業マンにコンサルティング力を醸成させ、組織を活性化するプロ」として経営者や営業マンから頼られる。「私の個性を引き出し、武器にする仕方を教えてくれた」「営業として考えることの大切さを教えてくれた」「気づかない部分を教えてくれる人生の『鏡』です」と絶大な評価を得ている。企業経営者からも「コンサルティング営業を実施していく際の指南を授けてくれた」と高い評価を得ている。
◎大学卒業後、２社の外資系企業（日本NCR、アーサーアンダーセン）を得て独立。情報通信業界を中心にした「法人向けコンサルティング営業の指南者」として全国を飛び回っている。
◎大学指導においては、中小企業診断士とMBAをめざす社会人への実務経験の場を提供し、若手育成にも余念がない。
http://www.act-con.jp

著者が主宰する
「コンサルティング営業で成功する勉強会＆交流会」
への参加者を募集しています！

営業マンを中心に組織に「コンサルティング力」をつける風土を醸成し、各人の個性を生かした営業手法を身につけ、これからの人生を語り、お互いが切磋琢磨する環境を提供することを主旨としています。

詳細はFacebookをご覧ください。

https://www.facebook.com/ConsultingSales

2015年6月15日　第1刷発行

法人営業で成功するには
コンサルティング力を磨け！

著　者　大　森　啓　司
発行者　脇　坂　康　弘

発行所　株式会社　同友館
東京都文京区本郷 3-38-1
郵便番号　113-0033
電話　03(3813)3966
FAX　03(3818)2774
http://www.doyukan.co.jp/

落丁・乱丁本はお取替えいたします。　藤原印刷
ISBN978-4-496-05136-4　Printed in Japan